Christiane Lewe

Das Spiel in der Kulturpädagogik

Christiane Lewe

Das Spiel in der Kulturpädagogik

Zur Notwendigkeit der gezielten Förderung einer Spielkultur

GESELLSCHAFTSWISSENSCHAFTEN

Covergestaltung unter Verwendung eines Photos von www.photocase.com

Christiane Lewe
Das Spiel in der Kulturpädagogik
1. Auflage 2009 | ISBN: 978-3-86815-140-4
© IGEL Verlag GmbH , 2009. Alle Rechte vorbehalten.

Die Deutsche Bibliothek verzeichnet diesen Titel in der Deutschen Nationalbibliografie. Bibliografische Daten sind unter http://dnb.ddb.de verfügbar.

> Dieses Fachbuch wurde nach bestem Wissen und mit größtmöglicher Sorgfalt erstellt. Im Hinblick auf das Produkthaftungsgesetz weisen Autoren und Verlag darauf hin, dass inhaltliche Fehler und Änderungen nach Drucklegung dennoch nicht auszuschließen sind. Aus diesem Grund übernehmen Verlag und Autoren keine Haftung und Gewährleistung. Alle Angaben erfolgen ohne Gewähr.

Inhaltsverzeichnis

1. Einleitung 6
2. Was ist Kulturpädagogik? 8
3. Das Spiel 14
   3.1 Friedrich Schillers ästhetische Erziehung im Spiel 14
   3.2 Die Besonderheit des Menschen und die Voraussetzung für sein Spiel: Das Symbol 18
   3.3 Ein phänomenologischer Antwortversuch auf die Wesensfrage „Was ist Spiel?" 22
      3.3.1 Das Moment der Freiheit 22
      3.3.2 Das Moment der inneren Unendlichkeit 23
      3.3.3 Das Moment der Scheinhaftigkeit 24
      3.3.4 Das Moment der Ambivalenz 26
      3.3.5 Das Moment der Geschlossenheit 27
      3.3.6 Das Moment der Gegenwärtigkeit 28
      3.3.7 Spieltätigkeit und Spielgeschehen 28
   3.4 Johan Huizingas kulturanthropologische Spieltheorie 30
   3.5 Zwei entwicklungspsychologische Theorien zum Thema Spiel 36
      3.5.1 Spiel als intermediärer Spannungsbereich zwischen Subjekt und Welt (Donald W. Winnicott) 36
      3.5.2 Die Entstehung und Entwicklung des Spiels im Kindesalter (Jean Piaget) 38
   3.6 Der Versuch einer Gliederung vielfältiger Spielphänomene 42
      3.6.1 Grundlagen der Gliederung 42
      3.5.2 Bewegungsspiele 46
      3.6.3 Darstellende Spiele 46
      3.6.4 Schöpferische Spiele 48
      3.6.5 Kommunikationsspiele 49
      3.6.6 Zufallsspiele 49
      3.6.7 Geistige Spiele 50
   3.7 Nicht-Spiel 50
4. Das Spiel in der Kulturpädagogik 52
   4.1 Die besonderen Qualitäten und Möglichkeiten des Spiels 52
      4.1.1 Spiel fördert, fordert und bildet (?) 52
      4.1.2 Spiel ermöglicht unangepasste Kreativität und autonome Handlungsfähigkeit in der Auseinandersetzung mit der Welt 54
      4.1.3 Soziales Spiel bildet Spielgemeinschaften 57
      4.1.4 Spiel bereichert das Leben 58
      4.1.5 Lernziel Spielfähigkeit oder die idealtypische Utopie vom Homo Ludens 60
   4.2 (Kulturpädagogische) Konsequenzen und Forderungen 63
   4.3 Kulturpädagogische Spielpraxis: AKKI e.V. in Düsseldorf 65
5. Abschließende Zusammenfassung: Das Spiel ist ein konstitutives Prinzip des menschlichen Lebens 69
Anhang 72
Literaturverzeichnis 73

1. Einleitung

Die vorliegende Arbeit beschäftigt sich mit dem Thema „Das Spiel in der Kulturpädagogik". Die Frage, die mich zur Bearbeitung dieses Themas verleitet hat, lautet: Welche Rolle *spielt* das Spiel im menschlichen Leben bzw. welchen Stellenwert verdient es? Und daraus folgt: Welchen Stellenwert verdient das Spiel in der Kulturpädagogik als pädagogische Disziplin, die sich den Menschen[1] zum Mittelpunkt ihrer Bemühungen macht? Das Spiel ist der Dreh- und Angelpunkt dieser Arbeit - nicht als Randphänomen der Kindheit und Freizeit, nicht als Lehr-Methode, nicht als Instrument für kulturpädagogische Zwecke, sondern als Phänomen mit eigenem Wert, dem sich die Kulturpädagogik anerkennend zuwenden muss. Diese Arbeit ist als Plädoyer für die kulturpädagogische Spielförderung zu verstehen.

Ich beginne mit der Klärung, was sich hinter „Kulturpädagogik" verbirgt, vor welchem Hintergrund sie agiert, welche Ziele sie verfolgt. Es wird sich zeigen, dass dies die theoretische und praktische Disziplin ist, die im Sinne humanistischer Werte die Entfaltung des Menschen und seiner Kultur verfolgt mit dem Ziel einer gelingenden Lebensführung. Als solche ist sie auch die Instanz der Spielförderung.

Der große Mittelteil der Arbeit beschäftigt sich eingehend mit dem Spiel aus unterschiedlichen Perspektiven. Stets war das Spiel von Interesse für die unterschiedlichsten Fachrichtungen. Schon vor etwa 200 Jahren maß Friedrich Schiller in seinen philosophischen Briefen über die ästhetische Erziehung des Menschen dem Spiel eine besondere Bedeutung als Mittel der Befreiung bei. Daraus stammt der vielzitierten Satz: Der Mensch „[...] ist nur da ganz Mensch, wo er spielt." (Schiller, 15. Brief)[2]. Die Untersuchung von Schillers Sichtweise darf daher in dieser Arbeit nicht fehlen.

Darauf folgt ein Kapitel, das ich dem „feinen Unterschied" zwischen Mensch und Tier widme: dem Symbol. Es soll ein Verständnis von der Eigentümlichkeit des Menschen vermitteln, die letztlich auch die Voraussetzung für die besondere Qualität des menschlichen Spiels ist.

---

[1] Aus Gründen der Praktikabilität beschränke ich mich in der Arbeit auf das generische Maskulinum. Natürlich sind weibliche Personen mitgemeint.
[2] Schiller, Friedrich: *Über die ästhetische Erziehung des Menschen*, 1795, In: Hille & Partner GbR, Projekt Gutenberg-DE, Hamburg:
http://gutenberg.spiegel.de/?id=5&xid=2407&kapitel=1#gb_found, 15.05.2008

Die Frage nach dem Wesen des Spiels beantwortet eingehend das Kapitel über Hans Scheuerls Phänomenologie des Spiels.

Daran schließt die kulturanthropologische Spieltheorie von Johan Huizinga an, die das Spiel mit der Kultur in Verbindung bringt und den wahren Stellenwert des menschlichen Spiels weiter erhellt.

Um die konkrete Funktion des Spiels in der menschlichen Entwicklung dreht sich ein weiteres Kapitel über die entwicklungspsychologische Spieltheorie, vertreten durch Donald W. Winnicott und Jean Piaget.

Um das Spielverständnis abzurunden, folgt ein Versuch, die vielfältigen Spielphänomene zu gliedern und in einem Raster zu ordnen. Damit erhoffe ich mir, den „Spielhorizont" des Lesers deutlich zu weiten und auf die Spielphänomene aufmerksam zu machen, die uns unentwegt begegnen.

Der Hauptteil über das Spiel schließt mit einer kurzen Schlussfolgerung, was letztlich noch als „Nicht-Spiel" bezeichnet werden kann.

Im letzten Teil werde ich die besonderen Qualitäten des Spiels für den Menschen, seine Lebensführung und die Kultur sammeln, um eine (kulturpädagogische) Förderung zu legitimieren. Daraus folgen kurz formulierte Forderungen bezüglich der wesentlichen, förderbedürftigen Aspekte der Spielpraxis. Auf das „Dass" folgt das „Wie" in einer kurzen Vorstellung der kulturpädagogischen Initiative „AKKI e.V.", die sich der Förderung der Spielkultur der Kinder verschrieben hat. Sie veranschaulicht, wie gelingende Spielpraxis aussehen kann.

Möge diese Arbeit den Blick schärfen für die Relevanz des Spiels, das mehr ist als Freizeitvergnügen für Kinder und Kindgebliebene.

2. Was ist Kulturpädagogik?

Noch immer ist kulturelle Bildungsarbeit unter dem Begriff „Kulturpädagogik" in der breiten Öffentlichkeit weitgehend unbekannt. Man vermutet dahinter eine Art „Sahnehäubchen-Pädagogik", einen Bonus im Freizeitprogramm für Kinder und Jugendliche, auf den man im Falle leerer Kassen getrost verzichten kann. Das Dilemma liegt in der Bezeichnung: „Kulturpädagogik" und ihr Gegenstand „kulturelle Bildung" sind als Begriffe für alles offen und kommen vagen Vorstellungen entgegen. „Kultur" ruft meist Assoziationen wie Kunst, Museum, Theater, Film, Musik hervor - das klassische „kulturelle" Repertoire im Veranstaltungskalender einer Stadt. In Verbindung mit den Worten „Pädagogik" oder „Bildung" liegt die Vorstellung einer Lehrtätigkeit in einem Museum oder Theater nahe. „Er ist Kulturpädagoge, er unterrichtet Kultur, sein Arbeitsplatz ist eine private oder öffentliche Einrichtung mit einer kleinen oder großen Kulturabteilung." (Mies, 2005, S.251f)[3] So hat es Georg-Achim Mies überspitzt formuliert.

Bei aller Offenheit des Begriffs haben viele Menschen doch ein sehr enges Verständnis von diesem riesigen Feld kultureller Bildung. Sowohl ihr Kultur- als auch ihr Bildungsbegriff sind sehr eingeschränkt. Eine enge Definition kann dieser Disziplin jedoch nicht gerecht werden. Das zuvor erwähnte „Dilemma" der unklaren Bezeichnung ist zugleich eine Chance. Wie sonst sollte ein so umfassendes Theorie- und Praxisfeld mit so vielgestaltigen Inhalten betitelt werden? Jede Einschränkung durch eine zu enge Definition wäre unpassend.

Auf den folgenden Seiten möchte ich beleuchten, was hinter dieser diffusen Bezeichnung stecken kann. Damit wird hoffentlich jedem Leser klar, dass Kulturpädagogik zu den grundlegenden pädagogischen Disziplinen gehört bzw. gehören sollte.

Was ist gemeint, wenn hier von „Kultur" und „kulturell" die Rede ist? Welcher Kulturbegriff liegt der kulturellen Bildung zugrunde? Justin Stagl hat es folgendermaßen zusammengefasst: „Kultur ist das Insgesamt der in Auseinandersetzung mit der Welt erbrachten menschlichen Leistungen." (Stagl, 1993, S.12)[4] Der Mensch nimmt in der Welt eine Son-

---

[3] Mies, Georg-Achim: *Kultur mit „K" wie „Krake"*, In: Schmid Noerr, Gunzelin (Hrsg.): *Kultur und Unkultur - Perspektiven der Kulturkritik und Kulturpädagogik*, Mönchengladbach, 2005, S.251-269

[4] Stagl, Justin: *Der Kreislauf der Kultur*, in: Schmied-Kowarzik, W. (Hrsg), Stederoth, D. (Hrsg.): *Kultur-Theorien - Annäherungen an die Vielschichtigkeit von Begriff und*

derrolle ein, die ihn zwingt, „Strategien zur Daseinsbewältigung" (Käser, 1997, S.37)[5] zu entwickeln bzw. zu erlernen. Im Gegensatz zum Tier fehlen ihm Instinkte, die das Verhalten zur unmittelbaren Lebensbewältigung mit einfachen Reiz-Reaktions-Schemata lenken und das Individuum zu einem perfekt in seine Umwelt eingepassten Organismus machen. Jeder Mensch ist aufgrund seines offenen, unbestimmten Daseins auf ein Leben in Gemeinschaft und auf ihre im Kollektiv entwickelten und tradierten Bewältigungsstrategien angewiesen, die erlernt und verinnerlicht werden müssen. Dazu gehören sowohl Verhaltensstrategien als auch Kommunikationsmittel, Weltdeutungsmuster und Werte. Die menschliche Fähigkeit zum symbolischen Denken und zum symbolischen Ausdruck beispielsweise in Schrift, Sprache oder Bild macht es erst möglich, die entwickelten oder modifizierten Strategien zum Ausdruck zu bringen und im kollektiven wie im individuellen Gedächtnis als „Kulturgut" zu verankern, zu verarbeiten, zu modifizieren und weiterzugeben.[6] Dieses „Insgesamt" (Stagl, 1993, S.12) sozialisierter Verhaltensregeln und Bewältigungsleistungen ist überlebensnotwendig und unentbehrlich für eine soziale Ordnung.

Was mit der Bearbeitung, der symbolischen Ordnung, der Gestaltung und Pflege der eigenen Natur und der natürlichen Umgebung zur effektiveren Existenzsicherung im arbeitsteiligen Kollektiv beginnt, führt unter gleichem Namen („Kultur") zu Verhaltensregeln wie der Straßenverkehrsordnung oder der katholischen Liturgie, zu Regeln der Kommunikation, zu Konventionen des alltäglichen Miteinanders, zu Moral, Gesetz, Religion, Wirtschaft, Wissenschaft, Architektur, Kunst[7] und schließlich zur Verabsolutierung dieser arbeitsteiligen Bereiche hochentwickelter Gesellschaften mit ihren je eigenen Codes, Symbolsystemen und Deutungsmustern. Vom anthropologischen, weiten Verständnis bis hin zum engen Begriff von Kultur als geistiger (Re-)Produktion, der dem landläufigen Kulturverständnis am nächsten kommt, umspannt der Begriff „Kultur" alle Facetten menschlichen, bewussten und unbewussten Denkens, Handelns und Kommunizierens als stets dynamischen so-

---

Phänomen der Kultur, Kassel, 1993, S.11-32

[5] Käser, Lothar: *Fremde Kulturen - Eine Einführung in die Ethnologie für Entwicklungshelfer und kirchliche Mitarbeiter in Übersee*, Erlangen, Lahr, 1997

[6] Vgl. in dieser Arbeit: Kapitel 3.2 *Die Besonderheit des Menschen und die Voraussetzung für sein Spiel: Das Symbol*

[7] Stagl fasst die „Leistungen" zusammen in drei Hauptkategorien: „Sachkultur" (vom Menschen verwendete, bearbeitete, hergestellte Objekte und ihre Verwendung), „Symbolkultur" (Formen des Ausdrucks und der Auslegung der Ordnung und der Sinnhaftigkeit der Welt) sowie „soziale Kultur" (Formen des Umgangs der Menschen miteinander). (Stagl, 1993, S.13)

zialen Prozess. „Wir könnten von einer Spannung zwischen Verfestigung und Evolution sprechen, zwischen einer Tendenz, die zu festen, stabilen Formen führt, und einer anderen Tendenz, die dieses strenge Schema aufbricht. [...] Es herrscht ein unablässiger Kampf zwischen Tradition und Innovation, zwischen reproduzierenden und kreativen Kräften." (Cassirer, 1996, S.339)[8] Der Mensch ist angewiesen auf die verlässlichen Standards und Strategien, die sein Leben in Gemeinschaft ordnen, Sinn, Orientierung und Identität geben und ihn überhaupt erst handlungsfähig machen. Wer als Teil einer Kulturgemeinschaft oder innerhalb eines Kulturbereichs (z.b. Kunst, Religion, Wissenschaft) kompetent agieren will, muss die Spielregeln beherrschen und befolgen.[9] Die ertappten Falschspieler und Spielverderber werden ausgeschlossen. Stets kommt es zu Spannungen, wenn die tradierten Ordnungen und Standards hinterfragt werden. Sei es durch Interaktion zwischen verschiedenen Kulturen, Generationen, Szenen, anderen Vergemeinschaftungen[10] mit ihren je eigenen Inventaren, durch veränderte Umweltbedingungen oder durch kreative Einzelne, die mit dem Etablierten brechen. In diesem Kampf um Bedeutung, Normen und Verhaltensmuster besteht die Veränderung, Erweiterung und der Fortschritt der Kultur.

Spätestens seit der Aufklärung wissen wir: Der Mensch soll nicht einfach Zahnrad in einer Maschine, sondern *Mitspieler* sein - mündiges Mitglied der Gemeinschaft, das fähig ist, die Balance zwischen notwendiger Anpassung und individueller Freiheit zu halten und Mitgestalter seiner eigenen, wandelbaren Kultur ist. Dazu bedarf es kultureller Bildung, die ihn zum kompetenten, verantwortungsbewussten, partizipierenden, gestaltenden, freien Mitglied seiner Gemeinschaft (besser: Gemeinschaften) macht. Der Kulturpädagogik liegt in dieser Hinsicht ein erweiterter Kulturbegriff zugrunde, der sich nicht in dem gesellschaftlichen Teilbereich der geistigen (Re-)Produktion in Kunst, Literatur, Musik, Theater etc. erschöpft, sondern die gesamte Sachkultur, Symbolkultur und die soziale Kultur umfasst. (Vgl. Stagl, 1993, S.13) Thema der kulturellen Bildung unter dem Schlagwort „Kultur" sind eigene und fremde gesellschaftliche Konventionen, Weltbilder, Orientierungsmuster,

---

[8] Cassirer, Ernst: *Versuch über den Menschen - Einführung in eine Philosophie der Kultur*, Hamburg, 1996
[9] Vgl. hierzu Wulff, Erich: *Kulturelle Identität als Lebensform und Lebensbewältigung in verschiedenen Gesellschaftstypen*, in: Fuchs, Max (Hrsg.): *Kulturelle Identität - Dokumentation der Fachtagung „Kulturelle Identität - Eine Aufgabe für die Jugendarbeit?"*, Remscheid, 1993, S.10-23
[10] Vgl. hierzu Baumann, Zygmunt: *Vom Nutzen der Soziologie*, Frankfurt a. M., 2000, S.56-101

Symbolsysteme, Wert- und Moralvorstellungen - eben Hervorbringungen der Kultur in Vergangenheit, Gegenwart und Zukunft, mit denen der Mensch im alltäglichen Leben immer wieder konfrontiert wird.

Heute sind weite Teile der Menschheit geprägt durch sogenannte Individualisierungsprozesse.[11] Darunter versteht man Entwicklungen der (westlichen) Gesellschaft, die den Einzelnen aus vorgegebenen Lebensmustern befreien. Das heißt verbindliche Sozialstrukturen wie Familie, Nachbarschaft, Gemeinde lösen sich auf und mit ihnen ihre tradierten, strukturierenden Orientierungsrahmen und Vorgaben. Mit der Geburt in eine bestimmte Schicht, Region oder Familie war vormals die Biographie schon vorgezeichnet, die Art der Lebensgestaltung stand nicht zur Wahl, sondern war qua Geburt festgelegt. Mit der Auflösung aller Vorgaben wird die Gestaltung der eigenen Biographie wählbar. Durch Prozesse der letzten Jahrzehnte verfügen die Menschen heute über mehr Einkommen, mehr Bildung, mehr Freizeit. Damit eröffnet sich eine Fülle von neuen Entscheidungsmöglichkeiten zur Lebensgestaltung. „Die Normalbiographie wird [..] zur Wahlbiographie [...]" (Beck, Beck-Gernsheim, 1994, S.13) und damit zur „Risikobiographie" (ebd.), denn der Einzelne ist nun allein verantwortlich für seine Lebensentscheidungen - ohne Netz und doppelten Boden. Mit der Normalbiographie schwinden die Vorhersehbarkeiten des Lebenslaufs und die „gesellschaftlich garantierten Verlässlichkeiten" (Hitzler, 2005, S.14)[12]. Zugleich wachsen die gesellschaftlichen und institutionellen Anforderungen an das Individuum. Die Berufswahl steht jedem frei, aber der Arbeitsmarkt straft jede „Fehlentscheidung" gnadenlos und fordert darüber hinaus ein Höchstmaß an Kompetenz, Flexibilität, Mobilität, Eigeninitiative. Wahlfreiheit ist eine Illusion, es handelt sich um einen Wahlzwang, und zwar den Zwang die richtige Entscheidung zu treffen, um die eigene Biographie gelingen zu lassen und den Anforderungen zu genügen. (Vgl. Schmid, 1998, S.188ff)[13] Die komplexen, unüberschaubaren gesellschaftlichen Zusammenhänge erschweren eine sachlich fundierte Entscheidung.

Der Prozess der Individualisierung evoziert demnach zugleich mannigfaltige Chancen und unberechenbare Risiken. „Individualisierung führt - vereinfacht gesprochen - einerseits zu einer Vermehrung von Handlungs-

---

[11] Vgl. hierzu Beck, Ulrich, Beck-Gernsheim, Elisabeth: *Riskante Freiheiten*, Frankfurt a. M., 1994
[12] Hitzler, Ronald: *Leben in Szenen*, Wiesbaden, 2005
[13] Schmid, Wilhelm: *Philosophie der Lebenskunst*, Frankfurt a. M., 1998

ressourcen und Handlungsalternativen für jene Akteure, die die Kompetenzen haben, die zunehmende Komplexität des (globalen) sozialen Lebens für sich zu nutzen. Andererseits befördert sie aber auch die Erfahrung vermehrter und einengenderer Restriktionen bei solchen Akteuren, die diese Kompetenzen (warum auch immer) eben nicht besitzen." (Hitzler, 2005, S.14)

Kulturpädagogik heißt daher vor allem, Kompetenz zu vermitteln für den freien, autonomen, bewussten, reflexiven Umgang mit diesem Wahlmodus mit keinem geringeren Ziel als das (subjektiv) „gelingende Leben" (Zacharias, Opladen, 2001, S.23)[14]. Der Mensch steht im Mittelpunkt der kulturpädagogischen Arbeit. (Vgl. ebd.) Was ist nötig für die Gestaltung eines gelingenden Lebens innerhalb eines sozialen Gefüges? Kulturelle Bildung heißt nicht, eine entsprechende Gebrauchsanleitung zu lehren. Kulturpädagogen sind keine Lebensberater. Die Adressaten kultureller Bildung sollen selbst autonome Gestalter ihres Lebens sein. Kulturelle Bildung ist Selbstbildung mit dem „Lernziel Lebenskunst" (Bundesvereinigung Kulturelle Jugendbildung, 2001)[15].

Mit dieser Subjektorientierung ist die Autonomie des Subjekts durch Bildung eng verknüpft. Kulturpädagogik als emanzipatorische Bildungsarbeit kann das Individuum aus der Anpassung befreien. In der individualisierten Gesellschaft hieße Anpassung, nicht die Potenziale der Entscheidungsfreiheit für sich nutzen zu können, sondern sich den gesellschaftlichen Anforderungen (z.B. des Arbeitsmarktes) aus einem Mangel an Handlungs- und Reflexionsfähigkeit blind unterzuordnen: passive Einfügung statt aktiver Lebensführung. Erst Bildung befähigt, trotz sich ständig verändernder Bedingungen, ein Gefühl der Handlungsfähigkeit und Selbstsicherheit zu entwickeln. Die Bildungspolitik zielt leider gerade heute auf eine instrumentalisierte Bildung der Anpassung an ökonomische Zwänge. Das degeneriert Bildung zu „Qualifikation" und befähigt nicht mehr zu Mündigkeit und aktiver Partizipation, was in letzter Konsequenz die Voraussetzung für Demokratie gefährdet. Eine demokratische Ordnung braucht mündige, selbstbestimmte Teilnehmer, dies setzt allerdings die Chance zur Bildung mit Selbstzweck *für alle* voraus.[16] Die

---

[14] Zacharias, Wolfgang: *Kulturpädagogik - Kulturelle Jugendbildung. Eine Einführung*, Opladen, 2001

[15] Bundesvereinigung Kulturelle Jugendbildung (Hrsg): *Kulturelle Bildung und Lebenskunst - Ergebnisse und Konsequenzen aus dem Modellprojekt „Lernziel Lebenskunst"*, Remscheid, 2001

[16] Vgl. hierzu Fuchs, Max: *Kulturelle Bildung im Spannungsfeld von Leben und Kunst - Reflexion der Fachtagung vor dem Hintergrund unseres Modellprojektes „Lernziel*

Autonomie des Subjekts kann erreicht werden durch eine allgemeine Bildung, die Zusammenhänge und Strukturen der Lebenswelt offenlegt und Horizonte erweitert, die kompetent macht im Umgang mit den umgebenden Symbolsystemen (z.b. Massenmedien) und auch praktische Fertigkeiten vermittelt in der konkreten, kreativ-ästhetischen Selbsttätigkeit.[17] Denn für eine den Alltag bereichernde Lebensgestaltung setzt Kulturpädagogik besonders auf die Fähigkeit zur „Ästhetisierung des Alltags". Kulturpädagogische Praxis in Form von meist außerschulischen Projekten, Workshops, Veranstaltungen ist deshalb häufig im Umfeld von Kunst, Musik, Theater, Film usw. anzutreffen, weil sie die Ziele kultureller Bildung durch „Ästhetische Bildung zwischen Sinn und Sinnlichkeit" (Zacharias, Bonn, 2001, S.85)[18] realisiert, das heißt den Akt der Selbstbildung ermöglicht durch sinnliche Erfahrungen mit Erkenntnisgehalt in der selbsttätigen wie rezeptiven Auseinandersetzung mit den Hervorbringungen der Kultur.[19] Schon Schiller verdeutlichte vor gut 200 Jahren die Relevanz von sinnlich-vernünftiger Erfahrung im Spiel mit der Schönheit.[20] Seine Überlegungen werde ich im nachfolgenden Kapitel näher beleuchten. Damit sei ein erster Schritt getan zu zeigen, dass sich kulturelle Bildung als ästhetische Bildung im Spiel vollziehen kann.

Lebenskunst", In: Bundesvereinigung Kulturelle Jugendbildung (Hrsg): *Kulturelle Bildung und Lebenskunst - Ergebnisse und Konsequenzen aus dem Modellprojekt „Lernziel Lebenskunst"*, Remscheid, 2001, S.87-94

[17] Vgl. hierzu Zacharias, Wolfgang: *Kulturpädagogik - Kulturelle Jugendbildung. Eine Einführung*, Opladen, 2001

[18] Zacharias, Wolfgang: *Kultur und Bildung. Kunst und Leben - Zwischen Sinn und Sinnlichkeit. Texte 1970-2000*, Bonn, 2001

[19] Vgl. hierzu Mayrhofer, Hans; Zacharias, Wolfgang: *Ästhetische Erziehung - Lernorte für aktive Wahrnehmung und soziale Kreativität*, Reinbek, 1976

[20] Vgl. Schiller, 1795

3. Das Spiel

3.1 Friedrich Schillers ästhetische Erziehung im Spiel

Friedrich Schiller hat einen Spielbegriff erarbeitet, der Kernstück seiner Theorie zur ästhetischen Erziehung des Menschen ist. Er prägte darin den Satz: Der Mensch „[...] ist nur da ganz Mensch, wo er spielt." (Schiller, 15. Brief)

Schillers Abhandlung darf in meiner Arbeit nicht fehlen, da er - ganz im Sinne kulturpädagogischer Ziele - dem ästhetischen Spiel die grundlegende Bedeutung einer Möglichkeit des „guten Lebens" beimisst und die kompetenten Spieler zu autonomen, moralischen Lebenskünstlern erhebt, auf dass die so befreiten, ästhetisch gebildeten Bürger idealiter einen human-gesellschaftlichen Staat bilden. Er unterstützt damit meine Intention, in dieser Arbeit die fundamentale Bedeutung des Spiels im menschlichen Leben herauszustellen.

Schiller unterscheidet zwei Grundtendenzen im Menschen: (sinnlicher) „Stofftrieb" und (rationaler) „Formtrieb" (Vgl. ebd., 12. Brief)[21], die sich wechselseitig bedingen. Der dialektische Charakter des Menschen lässt sich in vielen weiteren Begriffspaaren gegenüberstellen, die so oder ähnlich auch Schiller kontrastiert: das Natürliche und das Göttliche; wechselnder Zustand und konstante Person; Realität und Idee; Sinnlichkeit und Vernunft; Begierde und Sittlichkeit; Leben und Gestalt; Materie und Form; Gefühl und Intellekt; Schicksal und Selbstbestimmung. Gemeint ist doch stets der natürliche Ursprung des Menschen als endliches Naturwesen, verhaftet in der physischen Welt der Sinne auf der einen Seite und dem gegenüber seine Anlage zu „mehr", die ihn von dem bloß natürlichen Dasein abhebt. Dieser Formtrieb befreit ihn aus dem blinden Naturzustand im ständigen Strom der Veränderung, macht ihn zur bleibenden Person mit dem Bewusstsein eines konstanten Ichs, sichert seine Autonomie gegenüber der Natur, strukturiert das Chaos und stachelt ihn zur denkenden Gestaltung seiner Selbst und seiner Umwelt. Sein Kennzeichen ist die Vernunft. (Vgl. ebd.)

---

[21] Das Wort „Trieb" darf hier nicht im psychoanalytischen Sinne verstanden werden. Schiller nutzt den Begriff als Metapher für die zwei Tendenzen im menschlichen Denken und Handeln.

"Wo also der Formtrieb die Herrschaft führt und das reine Objekt in uns handelt, da ist die höchste Erweiterung des Seins, da verschwinden alle Schranken, da hat sich der Mensch aus einer Größen-Einheit, auf welche der dürftige Sinn ihn beschränkte, zu einer Ideen-Einheit erhoben, die das ganze Reich der Erscheinungen unter sich fasst." (ebd.)

Und doch hält der Stofftrieb den Menschen mit beiden Beinen auf dem Boden der Tatsachen. „Mit unzerreißbaren Banden fesselt er den höher strebenden Geist an die Sinnenwelt und von ihrer freiesten Wanderung ins Unendliche ruft er die Abstraktion in die Grenzen der Gegenwart zurück." (ebd.) Der Stofftrieb macht den Menschen zur bloßen veränderlichen Materie, zu einer schlichten Größen-Einheit in der Welt, die das Leben „erleidet". Er setzt seinem Streben nach „mehr" natürliche Schranken, äußert sich in Bedürfnissen und drängt auf Befriedigung. Sein Kennzeichen ist die Sinnlichkeit.

Zugleich bedingen sich beide Triebe wechselseitig. „Mit einem Wort, nur, insofern er [der Mensch, C.L.] selbständig ist, ist Realität außer ihm, ist er empfänglich; nur, insofern er empfänglich ist, ist Realität in ihm, ist er eine denkende Kraft." (ebd., 13. Brief) Der Mensch ist also nur in dieser doppelten Natur denkbar.

Die Aufgabe der Kultur ist es, beiden Trieben ihre Grenzen zu sichern: „Die Sinnlichkeit gegen die Eingriffe der Freiheit zu verwahren; [...] Die Persönlichkeit gegen die Macht der Empfindung sicherzustellen. Jenes erreicht sie durch Ausbildung des Gefühlsvermögens, dieses durch Ausbildung des Vernunftvermögens." (ebd.) Durch die Vereinseitigung der einen oder der anderen Tendenz kommt es zu fataler Fehlleitung des Menschen. Überwiegt der Stofftrieb, wird der Mensch zum egozentrischen „Wilden", der - von Gefühlen und Affekten geleitet - moralische Grundsätze verachtet und sich von den Geboten der Natur beherrschen lässt. Überwiegt der Formtrieb, werden die Gefühle missachtet und zerstört. Der Mensch wird zum „Barbaren", der die Natur verachtet und sich nur von rationalen Gesetzen beherrschen lässt. (Vgl. ebd., 4. Brief)

Doch kann Schiller nicht bestreiten, dass die Divergenz beider Seiten das wirksamste Instrument des Kulturfortschritts ist und die fortschreitende Zivilisation diese Kluft noch befördert. (Vgl. ebd., 6.Brief) „Einseitigkeit in Übung der Kräfte führt zwar das Individuum unausbleiblich zum Irrtum, aber die Gattung zur Wahrheit." (ebd., 6. Brief) Doch wenn auch die rationalisierte Menschheit zu höchster Erkenntnis (wissenschaftlicher „Wahrheit") gelangt, muss das Individuum doch vor der Einseitigkeit des rationalen Denkens und der daraus folgenden Gefühlskälte bewahrt werden, ebenso vor einem seichten, an bloßer Befriedigung orientiertem Dasein, das die menschlichen Möglichkeiten ignoriert. Schließlich vergönnt der Fortschritt doch nur einem Teil der Menschheit Bildung und Selbstverwirklichung, während die Masse keine Chance hat, ihr Vernunftvermögen zu entfalten.[22]

Es muss also zu einer Einheit, besser gesagt, zu einem fruchtbaren Wechselverhältnis von Stoff- und Formtrieb kommen, in dem sich beide zur Wirksamkeit bringen und zugleich in Schach halten. Um eine „vollständige Anschauung seiner Menschheit" zu gewinnen, müsse er die „doppelte Erfahrung" zugleich machen. Er müsse sich zugleich seiner Freiheit bewusst sein und sein Dasein empfinden. Diese Erfahrung wecke „einen neuen Trieb" in ihm, in dem beide anderen Triebe zusammenwirkten: den „Spieltrieb" (ebd., 14. Brief).

Schiller erklärt, dass der Mensch sowohl von der physischen Nötigung der Sinne als auch von der gesetzlichen Verpflichtung der Vernunft befreit werde, indem im Spiel sein sinnliches und sein geistiges Vermögen zugleich auf sein Gemüt wirkten. (Vgl. ebd.) Der Formtrieb gibt den Dingen bleibende Gestalt, d. h. er gibt der Welt Ordnung, Gesetz, Bedeutung - eine formale Struktur, die als „Denkinstrument" dient. Der sinnliche Trieb gibt dieser „Gestalt" Leben, indem die formale, gedachte Struktur - die reine Abstraktion - auch als Realität mit den Sinnen erlebbar wird. Der Gegenstand des Spieltriebs ist also die „lebende Gestalt" (ebd., 15. Brief). Diese *ästhetische* Erfahrung als Verknüpfung von *sinnlicher Wahrnehmung* und *Erkenntnis* fasst Schiller zusammen in dem Begriff der Schönheit: „Durch die Schönheit wird der sinnliche Mensch zur Form und zum Denken geleitet; durch die Schönheit wird der geistige Mensch zur Materie zurückgeführt und der Sinnenwelt wieder gegeben." (ebd., 18. Brief)

Schiller unterscheidet die real erfahrbare Schönheit von dem Idealschönen, das aus dem idealen Spiel, im vollkommenen Gleichgewicht der Triebe hervorgehe. Doch in der Realität könne diese ideale Harmonie nie erreicht werden. Ebenso wenig ist die absolute Vereinseitigung der Triebe real erfahrbar. Die reale Schönheit bleibe immer eine doppelte. Er unterscheidet daher die Erfahrung der „schmelzenden Schönheit" und der

---

[22] Man muss bedenken, dass Schiller die Verhältnisse zur Zeit der Aufklärung im Sinn hatte. Nur die höheren Klassen hatten Zugang zu Bildung und Kunst, während das Leben der benachteiligten Klassen schlicht aus Arbeit bestand.

„energischen Schönheit" (ebd., 16. Brief), die sich gegenseitig regulieren. Wilfried Noetzel übersetzt die erstgenannte mit „Schönheit im engeren Sinne" (Noetzel, 2006, S.79)[23], die den Menschen sowohl von den Zwängen der Naturgesetze als auch von den Pflichten der Vernunft zu befreien vermag und ihn in einen ästhetischen Zustand der „Abspannung" (Schiller, 17. Brief) versetzt. Diese Schönheit bedarf allerdings eines Regulativs, und zwar des Erhabenen in Form der „energischen Schönheit". Noetzel weist nachdrücklich auf die Bedeutung der Erhabenheit - also der ästhetischen Erfahrung des Hässlichen, Erschütternden, Disharmonischen - als korrigierende Kraft in Schillers ästhetischer Theorie hin. Sie intensiviert Empfindung und Vernunft zugunsten des *angespannten*, moralisch *aktiven* Menschen, der sich „[...] auch im Unglück als human bewährt [...]" (Noetzel, 2006, S.49). Mit dieser Komponente erhält Schillers ästhetische Erziehung eine ethische und politische Dimension. Es geht ihm *nicht allein* um den Einzelnen, der im ästhetischen Spiel mit Schönheit die Freiheit des Menschseins erfährt, sein Gemüt harmonisiert und sein Leben bereichert, sondern um die Idee des Humanismus, die durch ganzheitlich ästhetisch gebildete Bürger endlich gesamtgesellschaftlich realisiert werden soll.

Das ästhetische Spiel darf daher nicht missverstanden werden als bloße Mußestunde, als Kunstgenuss von gefälliger Schönheit, die jedoch wirkungslos bleibt für das Gemeinschaftsleben. Wo Gefühl und Vernunft *intensiv* zusammenwirken, kann die Moral in der gesellschaftlichen Praxis nur profitieren. Schillers Theorie hat aber auch deshalb heute noch Relevanz, weil sie an die (Selbst-)Bildungsfunktion der ästhetischen Erfahrung (im Spiel) erinnert, die - sofern sie allen ermöglicht wird - die Mitglieder einer Gesellschaft zu Mündigkeit und Partizipation befähigt. Darauf beruft sich gerade heute wieder die Kulturpädagogik, die ein demokratisches Bildungsideal verfolgt.

„Je vielseitiger sich die Empfänglichkeit ausbildet, je beweglicher dieselbe ist, und je mehr Fläche sie den Erscheinungen darbietet, desto mehr Welt ergreift der Mensch, desto mehr Anlagen entwickelt er in sich; je mehr Kraft und Tiefe die Persönlichkeit, je mehr Freiheit die Vernunft gewinnt, desto mehr Welt begreift der Mensch, desto mehr Form schafft er außer sich. Seine Kultur wird also darin bestehen, erstens: Dem empfangenden Vermögen die vielfältigsten Berührungen mit der Welt zu verschaffen und auf Seiten des Gefühls die Passivität

---

[23] Noetzel, Wilfried: *Friedrich Schillers Philosophie der Lebenskunst - Zur Ästhetischen Erziehung als einem Projekt der Moderne*, London, 2006

aufs Höchste zu treiben; zweitens: Dem bestimmenden Vermögen die höchste Unabhängigkeit von dem empfangenden zu erwerben und auf Seiten der Vernunft die Aktivität aufs Höchste zu treiben." (Schiller, 13. Brief)

Dies ist nur möglich, wenn sowohl Stoff- als auch Formtrieb gleichberechtigt zur Wirkung kommen, also weder der eine noch der andere dominiert: im Spiel. Darin kann der Mensch wahrhaft seine doppelte Natur als Realist und Idealist verwirklichen, kann anhand einer Fülle von ästhetischen Erfahrungen - sowohl schönen als auch erhabenen - sein sinnliches und sein rationales Vermögen ausbilden und stärken. Wenn er sich auf diese Weise ganz als Mensch erfährt - nicht als Spielball der Naturgewalten, nicht als Opfer restriktiver Strukturen, nicht als Zahnrad einer rationalisierten Maschinerie, sondern autonom und handlungsfähig - und sich seines Vermögens *bewusst* ist, kann er wahrhaft *menschlich* handeln und wirken. So ist er „[...] nur da ganz Mensch, wo er spielt." (ebd., 15.Brief)

3.2 Die Besonderheit des Menschen und die Voraussetzung für sein Spiel: Das Symbol

Dieses Kapitel widme ich der Eigenart des Menschen, die ihn maßgeblich vom Tier unterscheidet. Die Erörterung wird Aufschluss darüber geben, dass jener Unterschied letztlich die Grundvoraussetzung für die zentralen menschlichen Hervorbringungen wie Kultur, Religion, Wissenschaft, Kunst und Spiel und damit für seine Sonderrolle in der Welt bildet. Darüber hinaus wird sie hoffentlich einige nachfolgende Erörterungen zum Spiel verständlicher machen.

Ernst Cassirer bezeichnete den Menschen als „animal symbolicum" (Cassirer, 1996, S.51). Den Menschen zeichnet vor allem der Gebrauch von Symbolsystemen aus, für den es im Tierreich kein Äquivalent gibt. Dieser Symbolgebrauch eröffnet ihm einen Zugang zu einer „neuen Dimension der Wirklichkeit" (ebd., S.49), führt zu einem Dasein in einem selbstgeschaffenen, symbolischen Universum aus Sprache, Religion, Wissenschaft, Kunst, Moral, Mythos usw..

Auch Tiere verfügen mitunter über komplexe Zeichensysteme. Durch Gestik, Mimik oder Lautäußerungen drücken einige Arten Gefühle aus. Oder dressierte Hunde können beispielsweise lernen, auf Zeichen des Herrchens unmittelbar zu reagieren, etwa auf mündliche Befehle, Handzeichen oder Geräusche. Der maßgebliche Unterschied zum Symbol besteht aber in der bloßen Signalwirkung des Zeichens. Für das Tier verweist es direkt auf eine wahrnehmbare Sache der physikalischen Welt und bewirkt damit eine Reaktion darauf. Das Zeichen ist fest und eindeutig mit der einen bezeichneten Sache oder konkreten Situation verbunden, als sei das Zeichen eine Eigenschaft. Es hat aber keine *objektive* Bedeutung. So verharrt die „Tiersprache" auf dem vorsprachlichen Niveau eines subjektiven, affektiven Signalgebrauchs. (Vgl. ebd., S.55ff)

Beim Menschen hat sich eine weitere Dimension zwischen sinnlicher Wahrnehmung und Reaktion geschoben, umspannt sie regelrecht. Diese Dimension ist durch das Symbolsystem Sprache (im weitesten Sinne des Wortes) gekennzeichnet. „Das Prinzip des Symbolischen mit seiner Universalität, seiner allgemeinen Gültigkeit und Anwendbarkeit ist das Zauberwort, das ‚Sesam, öffne dich!', das den Zugang zur menschlichen Welt, zur Welt der menschlichen Kultur, gewährt." (ebd., S.63) Wesentlich für das menschliche Symbolsystem ist zum einen seine universelle Anwendbarkeit (alles hat einen Namen) sowie seine Flexibilität und Wandelbarkeit. Alles kann auf viele verschiedene Weisen bezeichnet werden, da die Symbole nicht zu einer konkreten Sache, sondern zu einem abstrakten System gehören - zu einer Architektur aus allgemeinen und spezifischen Kategorien, Begriffen, Bedeutungen und Beziehungen, die *unabhängig* von der *sinnlichen Wahrnehmung* ein relationales Denken ermöglichen. (Vgl. ebd., S.52ff) Symbole verweisen auf Vorstellungen von Dingen, die in der Vergangenheit schon einmal wahrgenommen wurden und erinnert werden, oder auf Vorstellungen, die sich aus anderen Vorstellung und ihren Beziehungen rein symbolisch generiert haben. (Vgl. Langer, 1984, S.39)[24]

Jedoch gilt: Was grundsätzlich außerhalb der symbolischen Ordnung liegt - z.B. Beziehungen, die die Sprache nicht auszudrücken vermag - kann auch nicht gedacht werden. Die „diskursive" Sprache (z.B. Lautsprache) (Vgl. ebd., S.88) ist aber nicht das einzige Medium, um Zusammenhänge zu denken. „Präsentative" Symbole (Vgl. ebd., S.103), z.B. Bilder, können durch die nicht-lineare, sondern *zeitgleiche* sinnliche Wahrnehmung von Formen und Zusammenhängen, Dinge zum Gegenstand der Erkenntnis machen, die die „diskursive" Sprache niemals ausdrücken könnte. (Vgl. ebd., S.87ff). Darin liegt beispielsweise die besondere Ausdrucksfähigkeit von Meisterwerken in der Kunst.

---

[24] Langer, Susanne K.: *Philosophie auf neuem Wege - Das Symbol im Denken im Ritus und in der Kunst*, Frankfurt a. M., 1984

Bei aller beeindruckenden Komplexität und Anwendbarkeit der menschlichen Symbolsysteme wäre es ein Irrtum, das Symbolisieren als Spitze eines Entwicklungsprozesses zu interpretieren, den nur der Mensch zu Ende gegangen ist und der ihn damit im Tierreich zur „Krone der Schöpfung" macht, weil ihm die hochentwickelte Technik des Symbolisierens eine effektivere Daseinsbewältigung garantiert. Das ist ein Trugschluss. Die neue Dimension des Symbolisierens verschließt dem Menschen tatsächlich die unmittelbare Konfrontation mit der biologischen Welt. Er lebt gewissermaßen *auf dem Umweg,* ist anfällig für Fehler, Ineffizienz, Selbstgefährdung und unpraktisches Handeln (z.B. religiöse Rituale), während Tiere durch ihre Eingepasstheit in die Natur ihr Leben effektiver, einfacher und *unmittelbar* bewältigen. Tiere sind Realisten, Menschen leben dagegen in ihrer eigenen, abstrakten, symbolischen Welt. (Vgl. ebd., S.42ff)

Das Symbolisieren sei ein ursprüngliches Bedürfnis des Menschen, das Tiere nicht kennen, so Susanne K. Langer. (Vgl. ebd., S.48f) So befindet sich der Mensch in einem fortwährenden Prozess der Übersetzung von Sinneseindrücken und Erfahrungen in Symbole, der - auch ohne eine akute Bedarfslage - dem permanenten „Prozess der Ideation" (ebd., S.50) vorausgeht. Langer schreibt, das menschliche Gehirn sei wohl nur ein „leidlich guter Vermittler" zwischen Mensch und Welt, aber ein „unerhört starker Transformator" (ebd., S.51).

Wie sähe Denken ohne Sprache[25] aus? Die Vorstellung fällt schwer, denn es gäbe keine Vorstellungen, keine Ideen, keine Erkenntnis. Der dem Menschen eigene Denkprozess, der jeden von uns jede Sekunde unseres Lebens begleitet, uns unser Menschsein bewusst macht, unser Dasein, unsere Wirklichkeit, unsere Wahrnehmung, unser Handeln so sehr prägt, würde ausbleiben. Der Symbolgebrauch bildet einen „abstrakten Raum" (Cassirer, 1996, S.74), losgelöst vom praktischen, „organischen Handlungsraum" (Vgl. ebd.). Er ebnet den Weg zu Erkenntnis und Kultur. Jedes Erkenntnisobjekt wird darin symbolisch repräsentiert als allgemeine Vorstellung in einem übergreifenden System. „Er [der abstrakte Raum, C.L.] ist ein homogener, universeller Raum. Und nur mit Hilfe dieser neuen charakteristischen Form des Raumes konnte der Mensch zu dem Konzept einer einförmigen, systematischen *kosmischen* Ordnung gelangen." (ebd., S.77)

---

[25] Gemeint ist die Verwendung von abstrakten Symbolsystemen, ob Lautsprache, Gebärdensprache, taktiles Finger-Alphabet, Bildsprache oder andere.

In diesem „abstrakten Raum" kann der Mensch sogar *über* Zusammenhänge *nachdenken* und Probleme lösen, die zum Zeitpunkt des Nachdenkens oder generell nicht wahrnehmbar sind, wie etwa in der Mathematik. (Vgl. Langer, 1984, S.26ff) Die menschlichen Symbolsysteme sind sein Denkinstrument - eben das, was mitunter als Geist oder Vernunft bezeichnet wird. Damit kann der Mensch losgelöst von der Wirklichkeit auch bloße Möglichkeiten denken, etwa Dinge die in der Zukunft liegen oder Zusammenhänge, die nicht wahrnehmbar, unter natürlichen Bedingungen nicht einmal möglich sind. Diese Fähigkeit zur Hypothese, zur Fantasie, zur Utopie, dieser *Raum des Möglichen* ebnet dem Menschen den Weg zu jedweder Wissenschaft, Kunst, Kultur, Religion und zum Spiel. Er ist imstande, „[…] sein Universum immerfort umzugestalten" (Cassirer, 1996, S.100).

Der Mensch lebt im Spannungsfeld zwischen dieser Tendenz, neue Formen hervorzubringen und einer Tendenz, alte Formen zu bewahren. Kultur besteht in diesem dynamischen Spannungsverhältnis. Mit Hilfe seiner Fähigkeit zum symbolischen Ausdruck können traditionelle Hervorbringungen der Kultur über Generationen weitergegeben und im „gesellschaftlichen Bewusstsein" (ebd., S.338) bewahrt werden. Zugleich bringen Individuen und Kollektive auf Grundlage der bestehenden Formen kreativ innovative Muster und Inhalte hervor, immer wieder deutlich zu sehen am Beispiel der Kunst. (Vgl. ebd., S.337ff)

Das Dasein in einem selbst geschaffen und veränderbaren Universum, der Freiraum der Fantasie, das grundlegende Bedürfnis, sich symbolisch auszudrücken und die Fähigkeit die symbolischen Hervorbringungen in einem „gesellschaftlichen Bewusstsein" über Generationen zu wahren - mit einem Wort der *Symbolgebrauch* - hat der Menschheit den Weg zur Kultur bereitet. In sämtlichen Kulturbereichen wie Sprache, Religion, Kunst, Wissenschaft, Wirtschaft usw. wird die besondere Daseinsdimension und ihre Möglichkeiten sichtbar - so auch im Spiel, das nur beim Menschen eine außerordentliche Bedeutung und Erscheinungsvielfalt hat. Bei der Lektüre der nachfolgenden Kapitel wird es sich als nützlich erweisen, sich immer wieder die besondere Fähigkeit des Menschen zum Symbol in Erinnerung zu rufen.

3.3 Ein phänomenologischer Antwortversuch auf die Wesensfrage „Was ist Spiel?"

Hans Scheuerl hat sich in seinem Werk „Das Spiel - Untersuchung über sein Wesen, seine pädagogischen Möglichkeiten und Grenzen"[26] dem Spielbegriff phänomenologisch genähert. Ich möchte bei meiner Untersuchung auf seine Überlegungen zurückgreifen, da eine phänomenologische Betrachtung ganz grundlegend nach dem Wesen des Spiels fragt, ohne schon Ursache, Wirkung, Entstehung oder Sinn des Spiels näher zu untersuchen und damit den Blick zu verengen.

Unter dem Begriff „Spiel" werden viele verschiedene Phänomene zusammengefasst. Kann man von einem gemeinsamen *Wesen* dieser unterschiedlichen Phänomene ausgehen? Ein Musiker spielt ein Musikstück auf dem Klavier, Kinder spielen „Vater, Mutter, Kind", ein Fußballspieler hält den Ball in der Luft, der Wind spielt im Blätterwerk einer Baumkrone. Scheuerl ist überzeugt, dass allen Erscheinungen, die als Spiel gedeutet werden, ein objektives, nicht ableitbares „Urphänomen" (Scheuerl, 1965, S.115) zugrunde liegt, das durch sechs Wesensmomente gekennzeichnet ist:

3.3.1 Das Moment der Freiheit

Das Spiel sei frei, so Scheuerl. Freiheit wovon? Zunächst einmal ist es frei von einem „außerhalb seiner selbst liegenden Zweck" (ebd., S.69). Wer spielt verfolgt damit keine Absicht, außer dem Ausüben des Spiels selbst. Wenn ein Kind ein Lernspiel betreibt, ist nicht der Lernzuwachs der Grund für das Spiel - höchstens für den außen stehenden Pädagogen. Das Kind spielt um des Spielens Willen. Dennoch kann ein Spiel von „innerer Zweckmäßigkeit" (ebd., S.72) durchwirkt sein. Nach innen ist der Spieler gebunden an bestimmte Vorgaben, ohne die das Spiel nicht funktioniert: an Spielregeln, an die räumliche Eingrenzung des Spielfeldes, an ein Spielziel und auch an das Bestreben, das Spiel gelingen zu lassen. „Nicht die Tätigkeit ist zweckfrei, sondern sie hat ein zweckfreies Geschehen zum Zwecke." (ebd., S.134)

Die „Freiheit des Spiels" meint vor allem auch Freisein von der außerspielerischen, alltäglichen Daseinsbewältigung - von Bedürfnissen, von

---

[26] Scheuerl, Hans: *Das Spiel - Untersuchungen über sein Wesen, seine pädagogischen Möglichkeiten und Grenzen*, 4./5.Aufl., Weinheim, 1965

Not und Sorge, von Angst, von Risiken und Gefahren, von Pflichten des *wahren* Lebens, damit auch Freisein von Konsequenzen und Verantwortung im wahren Leben. Diese „Freiheit von" bildet einen Schonraum, eine Pause von der Realität, in der das Spiel losgelöst ablaufen kann. Trotzdem kann ein Spiel mit größter Ernsthaftigkeit und mit Pflichtbewusstsein betrieben werden, das heißt mit ernster, konzentrierter Hingabe und großer Verantwortung für das Gelingen des Spiels. (Vgl. ebd., S.71f) Ernst und Spiel sind für meine Begriffe ein unzureichendes Gegensatzpaar.

Freiheit von der außerspielerischen Welt ist Freiheit *zum* Spiel. Das Spiel verlangt „selbst- und weltvergessene Hingabe" (ebd., S. 70), die nur gewährleistet ist, wenn sich die Realität nicht störend durch Nöte, Sorgen und Pflichten bemerkbar macht. (Vgl. ebd., S.69ff)[27]

3.3.2 Das Moment der inneren Unendlichkeit

Scheuerl erkennt in jedem Spiel das Streben nach Ewigkeit und nach ständiger Wiederholung, ganz im Gegensatz zu den Pflichten und Bedürfnissen im *wahren* Leben. Sie drängen auf Erfüllung und Befriedigung, auf ihr eigenes Ende. Spiel dagegen muss nicht „erledigt" werden. Der Zustand des Spielens soll nicht aufgehoben werden - niemals. Seine Spannung soll *ewig* erhalten bleiben. Um den Zustand der Spielspannung zu erreichen, muss der Spieler frei sein von den Nöten, Bedürfnissen und Pflichten der Realität. Unterbrochen wird die oszillierende, sich wiederholende, „unendliche" Spielbewegung - Scheuerl stellt sie grafisch mit einem Kreis dar (Vgl. ebd., S.78) - eben nur durch jene äußeren Faktoren, z.B. Müdigkeit, Hunger, Verpflichtungen des „eigentlichen" Lebens. Der gelingende Spielverlauf impliziert seinem Wesen nach kein Ende, sondern stete Wiederholung. Das Erreichen eines Ziels ist nur der Schluss einer Spiel*phase*, zugleich schließt sich eine weitere Spieletappe mit einem neuen Ziel an. (Vgl. ebd., S.72ff)

In diesem Moment der Unendlichkeit erkennt Scheuerl die Nähe des Spiels zum Ästhetischen. Er zitiert Paul Valery, der eine Polarität ausmacht zwischen dem Praktischen, dessen Wirkungen einem Ende entgegen drängen[28] (Bedürfnisse befriedigen, Pflichten erfüllen, Arbeit erledi-

---

[27] An dieser Stelle möchte ich an Schiller erinnern, der ja ebenfalls im Spiel die *Freiheit* von den Zwängen der Natur und der Vernunft erkannte. (Vgl. in dieser Arbeit: Kapitel *3.1 Friedrich Schillers ästhetische Erziehung im Spiel*)

[28] „effets à tendance finie" (Valery, Paul, L'infinie esthétique, in: Pieces sur l'Art, Paris

gen) und dem Ästhetischen, dessen Wirkungen ins Unendliche streben[29] (festhalten am Genuss des Schönen). Der Mensch als kulturelles bzw. spielendes bzw. ästhetisches Wesen tendiert dazu, auch die praktischen Erfordernisse mit einem spielhaften Charakter zu versehen. Er strebt nach einer Ästhetisierung des praktischen Lebens, der Bedürfnisbefriedigung, der Arbeit. Besonders deutlich macht Scheuerl dies am Beispiel der gehobenen Esskultur. Der natürliche Vorgang der unmittelbaren Nahrungsaufnahme mit dem Zweck der Beseitigung des Hungergefühls wird verändert, verzögert, erhält eine Ordnung, ein Regelwerk, ein Spielfeld. Er wird „[...] durch die Spieltendenz überhöht." (ebd., S.77) Zwar führt es ebenso zur Bedürfnisbefriedigung, aber mit einem Bewusstsein „innerer Unendlichkeit". Man denke an ein feierliches Dinner, an beinahe heilige Rituale beim Speisen. Das Essen wird verlängert, zelebriert, genossen aber niemals „erledigt". Schon die Zubereitung des Essens wird zur Koch*kunst*. Schließlich geht es bei der *Haute Cuisine* längst nicht mehr um Sättigung, sondern um nach Ewigkeit strebenden Kunstgenuss. Auf diese Weise wird schlichte Bedürfnisbefriedigung *kultiviert - unpraktisch,* aber *schön.*

3.3.3 Das Moment der Scheinhaftigkeit

Die zuvor erläuterten Kennzeichen und auch das Moment der Scheinhaftigkeit verdeutlichen, dass das Spiel auf einer dem alltäglichen Dasein enthobenen Ebene der Einbildungskraft stattfindet. Die Freiheit von Forderungen der Wirklichkeit macht den Menschen frei für die Hingabe an diese „Scheinwelt" (Scheuerl, 1965, S.80). Dabei handelt es sich um eine „autonome Erlebnisebene" (ebd. S.82), losgelöst von der Realität.

Dem Kind wird das Spielzeug zum Anlass in eine Welt der Ein*bild*ung einzutauchen, in der beispielsweise das Steckenpferd nicht mehr Attrappe, sondern ein Pferd aus Fleisch und Blut ist. Die realen Bewegungen des Kindes in der Handhabung mit dem Spielzeug transformiert es in Bilder eines Abenteuers hoch zu Ross. Dieses Fantasieabenteuer hebt sich im Erleben des Spielers gänzlich ab von seinen realen Ursachen, sodass es dem imaginativen Pferd keine Mühe macht beispielsweise zu fliegen, wenngleich das Kind mit seinen Füßen stets am Boden bleibt. Spielzeuge können nicht zwingend festlegen, für welche Bilderwelt sie Anlass geben, eben weil sie nichts vortäuschen, sondern nur Ursache für

---

[29] „effets à tendance infinie" (Valery, Paul, L'infinie esthétique, in: Pieces sur l'Art, Paris 1934, S.247-252 zitiert nach Scheuerl, 1965, S.75)

eine Vorstellung sind. Ein fantasievolles Kind ist sicherlich in der Lage, im Spiel mit einem Steckenpferd eine Vielzahl ganz unterschiedlicher Bilderwelten zu erzeugen. Das Spiel ist frei auf der Ebene der Scheinhaftigkeit. (Vgl. ebd., S.79ff)

Ähnlich wie dem Kind ergeht es dem erwachsenen Theaterzuschauer, der eintaucht in die Welt des Schauspiels, das fragmentarische Bühnenbild zum Anlass nimmt und weiterdenkt und in der Vorstellung zur vollkommenen Scheinwelt formt, in der die Schauspieler nicht mehr bestimmte Personen spielen, sondern *sind*. Dabei ist es wiederum unerheblich, ob die Schauspieler und das Bühnenbild eine Szene realitätsgetreu *vortäuschen*. Sie müssen nur Anlass für ein Gedankenspiel der Imagination beim Zuschauer sein.

Scheuerl schreibt, Spielen sei ein Erzeugen von Bildern und ein Sich-Hingeben an sie. (ebd., S.87) Ob als Spieler oder Zuschauer ist unerheblich. Es ist die Fähigkeit zu Fantasie und Imagination in einer selbstgeschaffenen *symbolischen* Scheinwelt, die dem menschlichen Spiel (bzw. Spielbeobachten) eine besondere Qualität verleiht.

Das Alltagsverständnis duldet die Hingabe an eine Scheinwelt jedoch nur als Intermezzo. Es ist *bloß* Spiel, wird meist nur den Kindern zuerkannt und nur als kurze Pause toleriert. Denn die Scheinwelt sei Täuschung, sei nicht die Wirklichkeit. Doch an früherer Stelle haben wir mit Schiller bereits erkannt, dass das Spiel nicht Täuschung, sondern schöner Schein und sogar der Schlüssel zum Menschsein ist.[30] Auch laut Scheuerl trete mit der Scheinhaftigkeit eine die Wirklichkeit bereichernde Dimension hinzu. (Scheuerl, 1965, S.83)

"Jene oft mit Geringschätzung belächelte ‚eingebildete Welt' ist nichts Geringeres als die geistige Welt selbst, ohne Achtung vor deren Gesetzen, Sitten und Normen der Mensch nicht zur Kultur gelangt." (ebd., S.158) Im Alltag leben wir nicht weniger in einer Scheinwelt als im Spiel.[31] „Was der Erwachsene seine Wirklichkeit nennt, ist eine immer schon im Spiel vollzogene Deutung, die im Grunde nur spielend erhalten wird." (Kamper, 1976, S.141)[32]

---

[30] Vgl. in dieser Arbeit: Kapitel 3.1 *Friedrich Schillers ästhetische Erziehung im Spiel*
[31] Vgl. in dieser Arbeit: Kapitel 3.2 *Die Besonderheit des Menschen und die Voraussetzung für sein Spiel: Das Symbol*
[32] Kamper, Dietmar: *Spiel als Metapher des Lebens*, in: Bayrische Akademie der Schönen Künste (Hrsg.): *Der Mensch und das Spiel in der verplanten Welt*, München,

3.3.4 Das Moment der Ambivalenz

„Die Freiheit des Spiels besteht [..] darin, dass jede Festlegung und Fesselung an einen eindeutigen ‚Aktionstunnel' fehlt." (ebd., S.90) Scheuerl schreibt dem Spiel in mehrfacher Hinsicht einen Doppelcharakter zu. Er lässt natürlich die Ambivalenz von Form- und Stofftrieb in der Theorie von Schiller nicht unerwähnt, die ich ja bereits eingehend erläutert habe. Auch für ihn ist dieser Zwiespalt zwischen Sinnlichkeit und Vernunft im menschlichen Dasein - das Offenhalten der doppelten Natur - wesentliches Kennzeichen des Spiels. Spiel kann als pendelnde Bewegung im „Zwischen" verstanden werden (Vgl. ebd. S.93) Jede Fixierung, jede Eindeutigkeit zerstöre den Spielraum der Freiheit, dann schlage das Spiel um in den „Ernst" der praktischen Welt oder löse sich auf. (ebd., S.91)

Bedingung für die gelingende Spielbewegung und das Spielvergnügen ist ein ausgeglichenes Spannungsverhältnis zwischen Bekanntem und Unbekanntem, zwischen Aktivität und Hingabe. Der Spieler bindet sich und muss zugleich gebunden sein. Er erzeugt eine Bilderwelt und gibt sich ihr hin. Er wird tätig in realen Bewegungen und unterwirft sich dem Spielgeschehen auf der Ebene des Scheins. Auch seine Gemütshaltung kann pendeln zwischen ernsthafter Konzentration und beschwingtem, leichtsinnigem Spielvergnügen. (Vgl. ebd., S.92f) Der besondere Reiz liegt meines Erachtens beim Spiel genauso wie beim herzhaften Lachen, beim Rausch, bei der Ekstase in dem mehr oder weniger begrenzten, in jedem Fall lebensintensivierenden Kontrollverlust. Das Spiel muss dem Können des Spielers stets eine Herausforderung, ein Wagnis entgegensetzen. Sobald der Spieler ein Spiel absolut beherrscht, wird das Spiel langweilig, verliert seine Spannung, seinen Reiz, löst sich sogar ganz auf. Ebenso kommt es erst gar nicht zu einem Spiel, wenn die Herausforderungen zu hoch sind, das Fremde zu sehr ängstigt. (Vgl. ebd., S.92) Daher ist es so wichtig, dass Spiele altersgemäß sind bzw. den Fähigkeiten der Spieler entsprechen. Es kommt zu keinem Spiel, wenn der Spieler unter- oder überfordert wird. Wichtig ist das richtige Maß an Abenteuer, Risiko, Gefahr, Zufall, Rätsel, das in Entgegensetzung zu den Fertigkeiten des Spielers ein maßvolles Spannungsverhältnis erzeugt.

Diese Ambivalenz des Spiels ist permanent gefährdet - nicht nur durch ein Überwiegen des Wagnisses. Im Spiel wird Unbekanntes langsam bekannt, die Anforderungen an die Geschicklichkeit werden immer besser beherrscht. Um erhalten zu bleiben, bedarf es also immer wieder neuer

---

1976, S.130-145

Herausforderungen. Das Spiel enthalte daher stets „[...] eine Tendenz zur Erweiterung und Erschwerung". (ebd., S.92)

3.3.5 Das Moment der Geschlossenheit

Spiel ist ein oszillierender Prozess, der von der Realität isoliert auf einer anderen Ebene stattfindet. Um zu gelingen, muss sich Spiel nach allen Seiten abgrenzen - sowohl von den realen Erfordernissen, als auch von Willkür. Ein Spielfeld und Spielregeln stecken den Raum ab, in dem das Spiel ablaufen kann. Die Ordnung hält das Spannungsverhältnis, das Moment der Ambivalenz aufrecht. Wenn ein Spielverderber dieses Maß nicht einhält, zerstört er den isolierten Raum und mit ihm das Spiel. Dabei ist es unerheblich, ob es sich um ein zuvor erarbeitetes oder ein tradiertes Regelwerk (z.B. „Völkerball") handelt oder ob sich Regeln unausgesprochen ergeben. (Vgl. ebd., S.93ff)

Ein Beispiel: Ein paar Kinder hocken auf einem Tisch und spielen „Schiffsreise". Um das Spiel gelingen zu lassen, müssen alle Akteure den Tisch als Spielfeld mit eigenen Regeln akzeptieren. Wenn ein Spielverderber vom Tisch springt und um den Tisch herumläuft, verdirbt er das Spiel, weil er die Vorstellung von „Wasser" rundherum, also die Scheinhaftigkeit zerstört. Verlässt ein Mitspieler den Tisch, muss er „schwimmen" oder „ertrinken" oder auf eine andere Weise die Regeln, die die Vorstellung „Wasser" gebieten, einhalten. Dieses Regelwerk ist den Mitspielern meist sofort klar, wenn es heißt: „Wir spielen Schiffsreise." Es ergibt sich aus ihrer eigenen Bilderwelt von einem Schiff auf hoher See, die nicht zerstört werden soll.

Hier zeigt sich, wie ein Merkmal das andere bedingt: Freiheit zum Spiel kann nur durch Begrenzung, durch Geschlossenheit gewährleistet sein. „Frei, unbestimmt, undeterminiert ist das Spiel immer nur innerhalb seines Masses." (ebd., S.95) Wenn Spiel als hemmungslos bezeichnet wird, dann kann nur die Freiheit von äußeren Hemmungen, wie etwa Benimmregeln, gemeint sein. Kinder, die schreiend in einem Museum fangen spielen, sind nach innen sehr wohl an die Gesetze des Fangspiels gebunden.

Einige Spiele können in dieser Form der Geschlossenheit sogar über viele Generationen weitergegeben werden, ohne jemals schriftlich fixiert worden zu sein. Sie erhalten über die konkrete Aktivität hinaus Gestalt und werden so zum objektiven Kulturgut in der Erinnerung der Spieler.

Wenngleich es immer der spielenden Subjekte bedarf, um diesem Spielgebilde Leben einzuhauchen, ihm Gegenwärtigkeit zu verleihen. (Vgl. ebd., S.97f)

3.3.6 Das Moment der Gegenwärtigkeit

Von außen betrachtet verläuft das Spiel natürlich in einer wahrnehmbaren Zeitspanne ab. Doch innerhalb des Spiels, auf der dem eigentlichen Verlauf des Lebens enthobenen Ebene, spielt die Zeit keine Rolle. Die Spielphasen „laufen in sich selber zurück" (Scheuerl, 1975, S.205)[33]. Das Erreichen des Spielziels ist nicht das Ende, sondern Anlass für eine Wiederholung. Das Moment der Gegenwärtigkeit ergibt sich automatisch aus der Freiheit vom linearen Alltagsgeschehen und aus dem Bewusstsein der „inneren Unendlichkeit". Spiel passiert im Jetzt und Hier. Im Gegensatz dazu vollzieht sich Bedürfnisbefriedigung in einer linearen Zeitspanne, gewissermaßen zukunftsorientiert. Eine solche „Erledigung" hat einen Anfang und ein Ende. (Vgl. ebd., S.205ff)

3.3.7 Spieltätigkeit und Spielgeschehen

Für das Verständnis des Phänomens „Spiel" ist es von zentraler Bedeutung, einen Irrtum aus dem Weg zu räumen, auf den Scheuerl in Abgrenzung zu vielen bedeutenden Spieltheoretikern aufmerksam machte: Vor allem das Alltagsverständnis definiert Spiel oft als „Tätigkeit", was mitunter zu Schwierigkeiten in der Kategorisierung verschiedener Spiele führt. Ein Spiel dürfe jedoch nicht durch diesen Oberbegriff bestimmt werden, sondern könne „[…] allenfalls als ein Tätigkeitsfeld [bezeichnet werden, C.L], auf dem Bewegungsabläufe erzeugt und in Gang gehalten werden […]" (ebd., S.200). Das Spiel ist als Bewegung, als Ablauf oder als Geschehen zu verstehen, das der Spieler durch sein Tun, durch seine Impulse voranträgt, das er durch sein Handeln aber nicht beherrscht. Ebenso sind andere Faktoren Impulsgeber für das Spielgeschehen, etwa ein Gegner, der Zufall oder die Reaktion des Spielgegenstandes auf Anstöße des Spielers. Diese Gegenimpulsgeber sind aber ebenso wenig Herrscher über das Spielgeschehen. „Spieltätigkeit und Spielgeschehen sind begrifflich deutlich auseinanderzuhalten." (Scheuerl, 1965, S.191)

Ein Beispiel: Ein Fußballspieler spielt „Ball-Hochhalten". Er versucht den Ball möglichst lange ohne Bodenkontakt in der Luft zu halten, in-

---

[33] Scheuerl, Hans (Hrsg): *Theorien des Spiels*, 10. Aufl., Weinheim und Basel, 1975

dem er ihn ohne Zuhilfenahme der Arme und Hände mit Fußtritten und Knie- oder Kopfstößen immer wieder in die Höhe befördert. Der Spieler setzt sein Können der Unberechenbarkeit des Balls entgegen. Er kontrolliert nur seine Körperbewegungen, gibt aber einen großen Teil seiner Souveränität ab, indem er durch die Handhabung mit einem unberechenbaren Spielgegenstand und durch beschränkende Regeln die Möglichkeit, den Ablauf vollends zu kontrollieren, unterbindet. Damit entsteht ein Wagnis, das den Reiz ausmacht: Das Spiel muss *glücken*, ohne dass der Spieler es völlig beherrscht, er kann durch seine Kunstfertigkeit nur darauf einwirken. Im gelungenen Spannungsverhältnis von Können und Zufall, von Impuls und Gegenimpuls verselbstständigt sich das Spielgeschehen von der Spieltätigkeit, sodass bei großer Virtuosität von der faktischen Anstrengung nichts mehr zu sehen ist. Das Spiel geht *scheinbar* mühelos, wie *von selbst*. „Die vollendete Leistung macht sich selbst unsichtbar." (ebd., S.149)

Scheuerl fasst es so zusammen: Das Spiel ist „[…] eine Bewegungsform von besonderer Ablaufgestalt, auf die man durch Tätigkeiten verschiedener Art zwar Einfluss nimmt, die aber als ganze niemals in diesen Tätigkeiten aufgeht, sondern erst geglückt ist, wenn sie sich ihnen gegenüber verselbstständigt." (Scheuerl, 1975, S.202)

Gemeint ist hier die Verselbständigung der Spiel*bewegung,* die sich in der Erscheinung von ihren Ursachen abhebt. Im allgemeinen Sprachgebrauch sagen wir: etwas „spielt sich ab". Darin wird die Selbständigkeit des Spielgeschehens deutlich. Faktisch ist das Spiel natürlich abhängig von den realen Impulsen seiner tätigen Subjekte, doch nur insofern, als diese Tätigkeiten Ursache für ein (scheinbar) autonomes Geschehen sind, das sich der Kontrolle der Tätigen entzieht. Somit müssen sich die „spielenden" Subjekte nicht notwendigerweise selbst als „Spieler" wahrnehmen, können sogar ihrem Bewusstsein nach arbeiten, kämpfen, leiden oder auch bloß bewusstlose Naturgewalt sein (z.B. der Wind in der Baumkrone). Sie „spielen", insofern sie ein Geschehen erzeugen, das einem wahrnehmenden Subjekt als sich selbstständig abspielendes Spielgeschehen *erscheint*. Spiel*tätigkeiten* können *subjektlos* sein (z.B.: der Wind erzeugt Wellen), das Spiel*geschehen* bedarf jedoch immer eines *wahrnehmenden* Subjektes (ein Mensch betrachtet z.B. das „Spiel der Wellen"). (Vgl. Scheuerl, 1965, S.134f)

Für das Spiel ist der Zuschauer wichtiger als der Schau*spieler*, der ebenso gut als bloßer Darsteller seiner Arbeit nachgehen kann, die darin besteht, für den Zuschauer Anlass zur Erzeugung von Scheinwelten zu sein, in denen sich Geschichten *abspielen*. „ ‚Eigentliches' Spiel gibt es nur im Felde der Erscheinung." (ebd., S.192)

Spiel wird im Alltagsverständnis deshalb als Tätigkeit missverstanden, weil das tätige Subjekt bei „richtigen" Spielen (z.b. Ballspiele) auch meist das wahrnehmende Subjekt ist.

Fassen wir zusammen: Beim „Spiel" handelt es sich um „[...] das Urphänomen einer Bewegung [...]" (ebd., S.115), die durch eine Spieltätigkeit erzeugt wird, sich aber auf der Ebene der Scheinhaftigkeit von ihren Ursachen verselbständigt. Auf dieser Ebene ist das Spiel frei von Erfordernissen der außerspielerischen Welt. Allein die Spieltätigkeiten sind gebunden an Regeln und Anforderungen des Spiels selbst, weil nur durch sie ein ambivalentes Spannungsverhältnis von Beherrschung und Unberechenbarkeit entsteht, das das Spiel zum „Schweben" bringt, das auf niemals enden wollende Wiederholung drängt. Diese Eigenschaften machen es zu einem in sich geschlossenen Gebilde, das in seiner Bündigkeit, z.B. als Regelwerk, Generationen übergreifend erhalten bleiben kann und im je gegenwärtigen Spielgeschehen zum Leben erwacht und zur „lebenden Gestalt" (Schiller, 15. Brief) wird.

3.4 Johan Huizingas kulturanthropologische Spieltheorie

Johan Huizinga entwickelte in seinem Werk „Homo Ludens - Vom Ursprung der Kultur im Spiel"[34] aus dem Jahr 1938 eine kulturanthropologische Spieltheorie. Er stellt darin die These auf, dass alle Formen der Kultur „als Spiel" (Huizinga, 1956, S.51) entstanden seien. Anders gesagt: Kultur werde anfänglich gespielt, sie habe selbst „Spielcharakter" (ebd., S.7). „Spiel ist älter als Kultur [...]" (ebd., S.9), es entstehe daher nicht aus Kultur, sondern gehe ihr voran. (Vgl. ebd., S.52) Es handele sich um eine „unbedingt primäre Lebenskategorie" (ebd., S.11), durch die der Mensch sein Streben nach Höherem verwirkliche. (Vgl. ebd., S.79) Man könnte sagen: Indem er die Strategien seiner Daseinsgestaltung *spielt, kultiviert* er sie.[35]

---

[34] Huizinga, Johan: *Homo Ludens - Vom Ursprung der Kultur im Spiel*, Hamburg, 1956
[35] Den Ursprung der Kultur als eindeutigen Meilenstein in der Menschheitsentwicklung lässt sich sicherlich schwerlich ausmachen. Huizinga kann nur anhand einer Fülle von Beispielen aus der Kulturgeschichte Belege finden, die den Spielcharakter der Kultur noch sichtbar innehaben bevor er sich in hochgradig differenzierten Kulturen heutiger Zeit verwächst oder zumindest unsichtbar wird. Seine Sprache in der Aus-

Was das menschliche Spiel zur Kulturfunktion macht, wird verständlicher mit dem Begriff des „Symbolgebrauchs".[36] Tiere spielen auch, warum hat ihr Spiel also keine kulturschaffende Funktion? Huizinga gesteht nur den höheren, sozialen Spielen des Menschen diese Besonderheit zu (Vgl. ebd., S.52), ohne näher auf den Unterschied einzugehen. Dieser liegt - wie bereits eingehend erläutert - im selbstgeschaffenen Universum des Symbolischen, indem der Mensch weilt. Das Spiel vollzieht sich wie alles andere menschliche Tun in dieser und durch diese besondere Sphäre der abstrakten Bedeutungen und Zusammenhänge. Spielregeln, Fantasie, Vorstellungen *jenseits der Wahrnehmung,* Verbildlichungen im darstellenden Spiel oder Werte wie Schönheit, Ehre, Überlegenheit sind nur erklärbar mit einem relationalen Denken in symbolischen Repräsentationen. Zur kulturschaffenden Funktion wird das Spiel, indem es vereinbart, im kollektiven Gedächtnis bewahrt, weitergegeben und ständig weiterentwickelt wird, sodass die daraus resultierenden Ordnungen, Vereinbarungen, Bedeutungen, Handlungsmuster und Wertvorstellungen die Kultur - also das menschliche Denken und Handeln in Gemeinschaft - prägen. Das menschliche Spiel ist eine besondere Sozialstruktur, durch die die Menschen ihre Verbildlichung der Welt zum Ausdruck bringen und teilen. „Es befriedigt Ideale des Ausdrucks und des Zusammenlebens." (ebd., S.16) Ohne den Symbolgebrauch muss das Spiel allerdings ein an die Realität gefesseltes, augenblickverhaftetes Intermezzo bleiben - ohne bleibende Wirkung oder gar Kulturfunktion.

Wie erwähnt, erkennt Huizinga die Kulturfunktion nur in den höheren sozialen Spielen des Menschen. Die Kennzeichen, die er bei diesen Spielen ausmacht, decken sich weitestgehend mit dem Spielverständnis von Scheuerl (Vgl. Huizinga, 1956, S.14ff), wenngleich er die Trennung von Spieltätigkeit und Spielgeschehen nicht vollzieht: Huizinga versteht Spiel als eine *besondere* Form des freien Handelns mit antithetischem Charakter[37] in einem abgesteckten Raum mit einer bindenden Ordnung, durch die die Akteure aus dem gewöhnlichen Leben herausgehoben sind und sich einer Vorstellungswelt mitunter äußerst ernsthaft hingeben können. (Vgl. ebd., S.20) Ergänzend sei erwähnt, dass Huizinga die identitätsstiftende Wirkung von Spiel verdeutlicht. Eine Spielgemeinschaft habe die Neigung, eine dauernde zu werden, die sich nicht selten in ein Geheimnis hülle und deutlich von der außerspielerischen Welt abgrenze.

---

einandersetzung mit den von ihm sogenannten „Wilden" in den „archaischen" Kulturen hat allerdings nicht selten einen abwertenden Beiklang.

[36] Vgl. in dieser Arbeit: Kapitel 3.2 *Die Besonderheit des Menschen und die Voraussetzung für sein Spiel: Das Symbol*

[37] Vgl. in dieser Arbeit: Kapitel 3.3.4 *Das Moment der Ambivalenz*

(Vgl. ebd., S.19f) Darüber hinaus erkennt er die Wiederholbarkeit des Spiels. Es nehme als geistige Schöpfung sofort feste Gestalt in der Erinnerung an und könne so als Kulturgut überliefert und wiederholt werden. (Vgl. ebd., S.17) Der Symbolgebrauch erklärt, warum dieses Kennzeichen nur dem menschlichen Spiel eigen sein kann.

Das Kennzeichen der (materiellen oder ideellen) räumlichen Abgrenzung eines Spielfeldes von der „wirklichen Welt" bildet aus seiner Sicht das wichtigste Spielmerkmal.[38] In den formellen Gemeinsamkeiten der jeweils „geweihten" Räume erkennt er die „ursprüngliche Identität von Spiel und Ritus". (Vgl. ebd., S.27) Sowohl der Fußballplatz als auch die Kirche sind eine aus dem „normalen" Leben heraus gelöste „Sonderzone" mit eigenen Regeln. Jede heilige Handlung sei Spiel: „Der Form nach ist sie es in jeder Hinsicht, und dem Wesen nach ist sie es, insoweit sie die Teilnehmer in eine andere Welt versetzt." (ebd., S.25) Spiel und religiöses Ritual oder heiliges Fest teilen darüber hinaus das Bewusstsein „bloß so zu tun, als ob". (Vgl. ebd., S.29ff) Die katholischen Christen sind sich wohl bewusst, dass sich bei der „heiligen Wandlung" Brot und Wein nicht *wirklich* in Christi Leib und Blut verwandeln, sie geben sich jedoch im Ritual mit heiligem Ernst gemeinschaftlich dieser symbolischen Vorstellung hin. Es handelt sich schlicht um ein darstellendes Spiel, wird für die Teilnehmenden aber zur „mystischen Verwirklichung" (ebd., S.21) des Dargestellten, das Heil für den Einzelnen und die (Spiel-)Gemeinde verspricht.

Die „heiligen Spiele" werden seit jeher und bis heute in sämtlichen Kulturen gespielt, dies belegt Huizinga in seinem Buch immer wieder an zahlreichen Beispielen. *„Nur* Spiel" sind die heiligen Rituale aber niemals, sie haben einen „höheren" Wert. Für jede Kultur sind die Spielhandlungen von existentieller Bedeutung für die Wirklichkeit und den Erhalt der Ordnung ihrer (Spiel-)Gemeinschaft. (Vgl. ebd., S.21) Die Spielregeln müssen mit äußerster Ernsthaftigkeit eingehalten werden, sonst wird das Ritual ungültig. Kult und Mythos sind die vielleicht ersten oder ursprünglichsten Kulturleistungen der Menschen in der Auseinandersetzung mit der Welt. Darin ordnen sie die bisweilen unverständliche oder unerklärbare Wirklichkeit in der Verbildlichung, deuten sie und bringen sie im rituellen Spiel gemeinschaftlich zum Ausdruck. (Vgl. ebd., S.22f) In der „mystischen Verwirklichung" des heilbringenden Rituals eröffnet sich den Menschen die Möglichkeit, *scheinbar* oder *symbolisch* auf den Verlauf der Realität *einzuwirken*, z.B. die Götter dazu zu

---

[38] Vgl. in dieser Arbeit: Kapitel 3.3.5 *Das Moment der Geschlossenheit*

bringen, das Dargestellte geschehen zu lassen. Der *homo ludens* erhebt sich also im (rituellen) Spiel - ganz im Sinne Schillers[39] - über den Status eines dem Schicksal unterworfenen Naturwesens und begründet darin seinen Ursprung als Kulturwesen, indem er seinem Dasein spielerisch einen höheren Wert verleiht. „In Mythos und Kult [..] haben die großen Triebkräfte des Kulturlebens ihren Ursprung: Recht und Ordnung, Verkehr, Erwerb, Handwerk und Kunst, Dichtung, Gelehrsamkeit und Wissenschaft." (ebd., S.12)

Huizinga unterscheidet zwei Kategorien des Spiels als Kulturfunktion: Kampf und Darstellung. „Die heilige Schaustellung und der festliche Wettkampf sind die beiden überall wiederkehrenden Formen, in denen Kultur *als* und *in* Spiel aufwächst." (ebd., S.53) Die Scheinverwirklichung im darstellenden Ritualspiel, das sich ordnend auf das wirkliche Leben der Gemeinschaft auswirkt, haben wir gerade kennengelernt. Das Moment des Wettstreits im Spiel ist schon bei Scheuerl deutlich geworden:[40] Der Spieler stellt sich einer Herausforderung oder einem Gegner und „kämpft" um das Glücken des Spiels, um das Gewinnen, ohne dass er das Spiel völlig beherrscht. Er geht ein Wagnis ein, das durch einen Einsatz noch verschärft sein kann. Der Sieg im sozialen Spiel verspricht dem Spieler Ehre und Ansehen für sich und seine Gemeinschaft, in zweiter Linie auch einen Machtgewinn oder einen Preis. Doch an erster Stelle steht die Überlegenheit im Spiel ohne praktischen Nutzen. (Vgl. ebd., S.55) Immer wieder ist es das Streben nach Höherem bzw. die Fähigkeit durch das Symbol, (höhere) Bedeutung zu verleihen, die den Menschen zu diesem „unvernünftigen" und „unpraktischen" Unterfangen verleitet. Dieser agonale Spielcharakter ist in vielen verschiedenen kulturellen Praktiken immer wieder erkennbar: auf dem Börsenparkett, im Wahlkampf, auf dem globalen Markt, im Krieg. (Vgl. ebd., S.90ff) In der Urform des Rechtsstreits beispielsweise erkennt Huizinga anhand verschiedener Beispiele aus Sprache und Kulturanthropologie die Kennzeichen des Wettkampfs und damit des Spiels. „Spiel ist Kampf, und Kampf ist Spiel." (ebd., S.46) Noch heute sei im Gerichtssaal die Art eines „heiligen" Spielfelds mit besonderen Regeln erkennbar, ebenso zeige sich das Spielhafte in der „Verkleidung" des Richters, der ihn von der „eigentlichen" Welt abgrenze. (Vgl. ebd., S.80) Deutlicher bekräftigt wird seine These in der Beschreibung der Rechtsprechung verschiedener alter Kulturen. Es handelt sich dabei stets um einen Wettstreit in Form einer

---

[39] Vgl. in dieser Arbeit: Kapitel 3.1 *Friedrich Schillers ästhetische Erziehung im Spiel*
[40] Vgl. in dieser Arbeit: Kapitel 3.3: *Ein phänomenologischer Antwortversuch auf die Wesensfrage „Was ist Spiel?".*

Kraftprobe oder eines Glücksspiels, der auf Grundlage von Spielregeln letztlich die Entscheidung über Recht und Unrecht liefert. Die Formen des Glücksspiels wie etwa das Los oder das Würfeln übertragen die Entscheidung in der Vorstellung der Hand Gottes, die das Spiel lenkt. Ebenso kann in mannigfaltigen Formen des Kampfes, z.B. im Kampf mit Worten, um Recht und Unrecht gefochten werden, indem die Entscheidung der Ungewissheit des ambivalenten Spiels übergeben wird. (Vgl. ebd., S.79ff) Auch unter Kindern wird „Rechtsprechung" oft im Spiel gehandhabt. Wenn eine Entscheidung gerecht gefällt werden soll, greifen sie beispielsweise auf das „Stöckchenziehen" oder auf „Schere-Stein-Papier" zurück. Selbst im gewöhnlichen Hochschulalltag werden Seminarplätze *gerecht* per Losverfahren vergeben, das als reines Glücksspiel zu verstehen ist. Damit werden durchaus ernsthafte Rechtsurteile im Spiel mit dem Zufall gefällt. In diesen Spielen ist der Ursprung des Rechtshandels zu vermuten. Gerecht wird stets von einer übergeordneten, höheren, „heiligen" Instanz geurteilt. Diese höhere Instanz hatte ursprünglich oftmals die Form des Spiels und hat sie zum Teil bis heute.

Weitere Beispiele für Kulturbereiche, die zunächst gespielt wurden, liefert Huizinga zur Genüge: Wissenschaft und Philosophie entstanden im Rätselwettstreit hoher Persönlichkeiten um Antworten auf die weltbewegenden Fragen der Menschheit. (Vgl. ebd., S.105ff) Dichtung war gemeinschaftliches Spiel und ist es bis heute: „Von allen Dingen steht nichts dem reinen Spielbegriff so nahe wie jenes urzeitliche Wesen der Poesie […]". (ebd., S.118) Sie taucht ebenso in der Form des spielerischen Wettstreits mit Worten auf, wie in der darstellenden, fantastischen Verbildlichung der Welt in Mythos, Drama und Lyrik. Musik und Tanz schreibt Huizinga nachvollziehbarer Weise auch dem Spiel zu. Die bildende Kunst an sich ist aus seiner Sicht allerdings nicht spielerisch. (ebd., S.159ff)[41]

In beinahe jeder Epoche spürt Huizinga den Spielcharakter der jeweiligen Kultur auf, auch in der heutigen. (Vgl. ebd., S.166ff) Doch mit dem Fortschreiten der Kultur trete das Spielelement immer weiter in den Hintergrund. „Die Kultur wird nach und nach ernsthaft und räumt dem Spiel nur noch eine Nebenrolle ein." (ebd., S.78) Diese Aussage Huizingas ist widersprüchlich, denn er selbst bekräftigt, dass Ernsthaftigkeit das Spiel nicht ausschließt. (Vgl. ebd., S.50) Er verirrt sich in dieser Widersprüchlichkeit, da er nicht wie Scheuerl begrifflich zwischen Spieltätigkeit und

---

[41] Dahingehend stimme ich nicht mit ihm überein. Der Bereich Kunst bedarf einer differenzierten Betrachtung an späterer Stelle (Kapitel 3.6.4 *Schöpferische Spiele*).

Spielgeschehen unterscheidet. Den Spielern muss mit dem Fortschreiten des Kulturspiels, das ihr Gemeinschaftsleben so notwendig bestimmt, gewiss irgendwann die Wahrnehmung des Spielgeschehens verloren gehen, wenn ihre Spieltätigkeit immer mehr zur gegebenen Notwendigkeit, zur Pflicht und Alltagsroutine wird und die Freiheit von einer „außerspielerischen Welt" nicht mehr erkennbar ist. Kultur wird dann selbst zum „schicksalhaften Naturgesetz", zur „außerspielerischen Welt", von der man sich wiederum in einem Spiel lösen kann. Höchstens mit *Distanz* zur Spieltätigkeit kann ein Zuschauer (z.B.(Lebens-)Künstler, Philosoph), der das Spiel versteht, das *spielerische* Treiben der Kulturen noch wahrnehmen. Huizinga bedient sich gerne unzähliger Beispiele aus „archaischen" Kulturen, um anhand von Praktiken „ursprünglicher" Gesellschaften seine Thesen zu stützen. Möglicherweise erkennt er gerade darin den Spielcharakter, weil ihm diese Kulturpraktiken eher fremd sind, er hat also die geforderte Distanz, um das Gemeinschaftsleben einer anderen Kultur als „Spiel" zu bezeichnen. Ich denke nicht, dass Kulturpraktiken, die *anfänglich gespielt* wurden, mit wachsender Komplexität tatsächlich gänzlich *erstarren* bzw. das Spielelement zurückdrängen. Vielmehr wird das Spielgeschehen für die routinierte Spielgemeinschaft unsichtbar, sofern sie ihre spielerische Distanz verliert. Es wäre nicht angebracht, schlechthin alles im menschlichen Tun als Spiel zu bezeichnen, am wenigsten dort, wo das Handeln vom Kampf um schlichte Daseinsbewältigung bestimmt ist. Dennoch lässt sich überall im gemeinschaftlichen Miteinander Spielerisches entdecken, das sich im steten Wechselverhältnis mit den kulturellen Standards befindet. Das gesellschaftliche Darstellungsspiel um Besitz, Lebensstil, Mode beispielsweise bestimmt in hohem Maße unsere Alltagskultur, ordnet unser Sozialgefüge und ist ebenso in der Lage in einem subversiven Akt das Gefüge neu zu gliedern.[42] Dabei kann man weder von natürlichen Bedürfnissen noch von vernünftigem Handeln sprechen. Es ist wiederum ein Spiel mit Symbolen. Der spielerische Wettstreit im globalen, liberalisierten Wirtschaftsleben ist ebenso offensichtlich. Das Streben nach Überlegenheit kennt darin keine rationalen Grenzen. Superkonzerne entstehen, wenngleich das keinem planenden Einzelnen und keiner kleinen lenkenden Gruppe zuzuschreiben ist. Millionen nehmen teil an einem Spiel, das - wie es Spielen eigen ist - ständig nach Erweiterung strebt. Es ist mitunter ein Wettspiel um virtuelle Werte und abstrakte Größen, die keine Entsprechung in der natürlichen Welt haben und doch das Leben aufs Schärfste mitbestimmen.

---

[42] Man denke beispielsweise an die globale Lebensstilrevolution der 60er Jahre.

Georg-Achim Mies vergleicht Kultur mit einer Krake (Mies, 2005, S.265), deren Bewegungen und Entwicklungen unvorhersehbar, schlicht unkontrollierbar sind. Würde man dieses unberechenbare „Kulturmonster" erklären wollen, wäre das Spiel eine Deutungsmöglichkeit. Es ist jene freigesetzte Sonderzone, in dem die Menschheit all ihr Vermögen entfalten kann und sich zugleich einer Unkontrollierbarkeit hingibt, auf diese Weise im steten Wechsel Grenzen einreißt und neue errichtet.

Schließen wir dieses Kapitel mit einem zusammenfassenden Zitat Huizingas: Das Spiel ist „[…] Teil des Lebens im allgemeinen. Es schmückt das Leben, es ergänzt es und ist insofern unentbehrlich, unentbehrlich für die Einzelperson […] und unentbehrlich für die Gemeinschaft wegen des Sinnes, der in ihm enthalten ist, wegen seiner Bedeutung, wegen seines Ausdruckswertes und wegen der geistigen und sozialen Verbindungen, die es schafft: kurzum als Kulturfunktion."(Huizinga, 1956, S.16)

3.5 Zwei entwicklungspsychologische Theorien zum Thema Spiel

Verengen wir nun den Blick auf die Entstehung des Spiels in der menschlichen Entwicklung. Wann, wie und wo beginnt der Mensch zu spielen?

3.5.1 Spiel als intermediärer Spannungsbereich zwischen Subjekt und Welt (Donald. W. Winnicott)

Donald W. Winnicott entwickelte ein Konzept von der frühkindlichen Phase des *Übergangs* von der Subjektivität zur Objektivität im kindlichen Bewusstsein (Vgl. Winnicott, 1985, S.15)[43] zwischen dem 4. und 12. Lebensmonat. (Vgl. ebd., S.13) Diese Phase ist gekennzeichnet durch die Benutzung von sogenannten „Übergangsobjekten" und „Übergangsphänomenen" (ebd. S.7). Unter „Übergangsobjekt" versteht Winnicott den ersten Besitz des Kindes, der nicht zu seinem Selbst gehört. (Vgl. ebd., S.10f) Er ist für das Kind allerdings weder Teil des Ichs noch Teil der äußeren Welt, sondern befindet sich im Bereich des Übergangs. (Vgl. ebd., S.15) Es ist ein Objekt von „subjektiver Valenz" (Oerter, 2007, S.10)[44], d.h. es handelt sich um einen bestimmten, nicht ersetzbaren Gegenstand, der permanent nur für das Kind da ist: beispielsweise

---

[43] Winnicott, Donald W.: *Vom Spiel zur Kreativität*, Stuttgart, 1985
[44] Oerter, Rolf: *Zur Psychologie des Spiels*, In: Psychologie & Gesellschaftskritik, Heft 4, 2007 S.7-32

ein bestimmtes Kuscheltier, das immer greifbar sein muss, vor allem, wenn die Bezugsperson (Mutter) nicht real verfügbar ist. Dieses Objekt ist ein Ersatz für die abwesende Mutter bzw. Mutterbrust. Es *bedeute* die Mutter, so Winnicott. (Winnicott, 1985, S.15) Gleiches gilt für die Übergangsphänomene wie beispielsweise Daumenlutschen.

Übergangsphänomen und Übergangsobjekt sind dazu da, auch in Abwesenheit der Mutter, die Illusion des Kindes aufrechtzuerhalten, die Mutter gehöre zu seinem Selbst bzw. das Verfügen über sie liege in seiner Kontrolle. Die notwendige Aufgabe der Mutter besteht darin, sich zunächst vollkommen an diese Allmachtsvorstellungen des Kindes anzupassen. Sie muss die Illusion des Kindes bestätigen, dass alles, „[…] was es [im Geiste, C.L.] erschafft, wirklich besteht". (ebd., S.25) Erst mit fortschreitender Entwicklung der Fähigkeiten des Kindes muss sie die Anpassung reduzieren und das Kind langsam desillusionieren (Entwöhnung). (Vgl. ebd., S. 20ff) Die Desillusionierung hat zum Ziel, die Trennung von äußerer und innerer Realität vollziehen zu können. Der Druck, beides miteinander in Beziehung zu setzen, verbleibe aber stets im Menschen, so Winnicott. (Vgl. ebd., S.23f) Das Spiel der Kinder, sowie später beim Erwachsenen auch unter anderem die Kunst oder Religion, erhält die Rolle eines „intermediären Erfahrungsbereichs" (ebd. S.24), der (zeitweilig) von diesem Druck befreit. Jener Übergangsbereich, der in der Entwicklung des Säuglings notwendig ist, um langsam Ich und Welt in der Vorstellung zu trennen, zeigt sich später im Spiel und im kulturellen Erleben (Kunst, Philosophie, Religion, Lesen etc.) erneut als persönlicher Raum, in dem innen und außen verbunden werden dürfen. Spiel findet daher - wie die frühkindliche Erfahrung der Übergangsphänomene - weder außen noch innen statt, sondern in einem „schöpferischen Spannungsbereich" (ebd., S.116).

Das Spiel beginnt in einem vertrauensvollen intermediären Spielbereich zwischen Mutter und Kind, den Winnicott „potenziellen Raum" (ebd., S.52) nennt. Das Kind kann zu diesem Zeitpunkt Objekte objektiv wahrnehmen. Das verlässliche, angepasste Mitspielen der Mutter, die auf die Impulse des Kindes eingeht, sie annimmt und zurückgibt, ermöglicht dem Kind die Erfahrung von Omnipotenz, d.h. die inneren Prozesse seiner Vorstellung erhalten objektive Wirklichkeit. In einem späteren Entwicklungsschritt kann die Mutter ihre Anpassungsleistung reduzieren und ihr eigenes Spielverhalten einbringen, was dem Kind mehr und mehr die Allmachtserfahrung nimmt und den Weg zum sozialen Spiel eröffnet. (Vgl. ebd., S.58ff)

Diese Spielentwicklung, die zugleich trennt und die Trennung im Spiel überbrückt, setzt ein hohes Maß an Vertrauen voraus, damit schließlich die Fähigkeit zu Kreativität spielerisch entwickelt werden kann. Nur im Spiel ist der Mensch frei, um sich schöpferisch zu entfalten. (Vgl. ebd., S.65) Die Fähigkeit zur kreativen Wahrnehmung und schöpferischer Aktivität ist notwendig, um das Leben als lebenswert zu empfinden. Die Unfähigkeit dazu äußert sich in einem Übermaß an Anpassung, das ein Gefühl der Nutzlosigkeit impliziert. (Vgl. ebd., S.78) Winnicott schreibt, es bestehe eine direkte Entwicklungsfolge von Übergangsphänomenen zum Spielen, von dort zum gemeinsamen Spielen und schließlich zum kulturellen Erleben. (Vgl. ebd., S.63) Gesundes Spielen im Kleinkindalter in einem vertrauensvollen Verhältnis zwischen Bezugsperson und Kind schafft die Voraussetzung für kulturelle Erfahrung und kreative Selbsttätigkeit. (Vgl. ebd., S.118)

Fassen wir Winnicotts wichtige Erkenntnisse zusammen: Beim Spiel handelt es sich um einen „dritten Bereich" (ebd., S.119) von zentraler Bedeutung für das menschliche Leben - nicht nur für die kindliche Entwicklung, sondern für ein lebenswertes, autonomes, kreatives Dasein und kulturelle Partizipation. Es ereignet sich in einem Spannungsbereich zwischen innerer und äußerer Realität und setzt kontinuierlich vertrauenswürdige Erfahrungen von der Zeit der Übergangsphänomene, in der die Trennung von Subjektivität und Objektivität vollzogen wird, bis zum Erwachsenenalter voraus. Für eine gesunde Entwicklung und ein lebenswertes Leben ergibt sich daher die pädagogische Notwendigkeit, Menschen in jedem Alter einen vertrauensvollen Spielbereich zu ermöglichen.

3.5.2 Die Entstehung und Entwicklung des Spiels im Kindesalter (Jean Piaget)

In seiner Theorie von der kognitiven Entwicklung teilt Jean Piaget die frühen Leistungen des Kindes in die Pole „Akkommodation" und „Assimilation" ein. Ersteres bezeichnet die Aktivität, die vorhandenen inneren Denkmuster an die wahrgenommenen äußeren Phänomene anzupassen und zu differenzieren. Die dazugehörigen Verhaltensmuster sind durch Nachahmung gekennzeichnet. Assimilation bezeichnet die Aktivität, die wahrgenommene äußere Phänomene an die vorhandenen Denkschemata angleicht wie an eine Schablone. (Vgl. Oerter, 2007, S.13) Die extremste Form der Assimilation sei das Spiel, so Piaget. (Piaget, 1975, S.122)[45]

Während also die Nachahmung als Akt der Anpassung an die Umwelt verstanden werden kann, stellt das Spiel im Falle eines Übermaßes an Assimilation ein Nachlassen der Anpassungsanstrengung dar. Die vorhandenen Schemata werden aus reiner Funktionslust, ohne ein anderes Ziel, wiederholt und nebenbei eingeübt. (Vgl. ebd., S.119f)

"Man kann also sagen: Wenn angepaßte Aktivität und Denken ein Gleichgewicht zwischen Assimilation und Akkommodation herstellen, dann beginnt das Spiel dort, wo die Assimilation über die Akkommodation dominiert." (ebd., S.193)

Der Anfang des Spiels liegt schon in den ersten Lebensmonaten, im Stadium der „sensomotorischen Intelligenz", noch vor der Fähigkeit zur Vorstellung, wenn die ersten Akkommodationsleistungen zu funktionellen Assimilationsschemata des Saugens, Greifens, Werfens, Schüttelns führen. Sogleich werden jene Schemata zweckfrei aus reiner Funktionslust im „Übungsspiel" ritualisiert wiederholt (Vgl. ebd., S.208f), willkürlich auf andere Objekte schematisch angewendet (Vgl. ebd., S.129) und zufällig kombiniert (Vgl. ebd., S.154). Es unterscheidet sich im Grunde nicht vom Spiel der Tiere. (Vgl. ebd., S.147) Doch auch bei fortschreitender Entwicklung und ausgebildetem Denken taucht die Form des Übungsspiels in der Kindheit und auch im Erwachsenenalter immer wieder auf - schlicht aus dem Vergnügen, Ursache zu sein. (Vgl. ebd., S.151)

Auf einem späteren Entwicklungsniveau - etwa ab dem zweiten Lebensjahr - wird aus der funktionellen die symbolische Assimilation. Das Kind führt bekannte Verhaltensschemata losgelöst von den gewohnten Objekten, Personen oder Ausgangssituationen aus, um sie ohne diese oder mit neuen Objekten auszuüben. Spielerisch simuliert es Handlungen wie beispielsweise Essen, Schlafen, Trinken. Es assimiliert die Realität rein symbolisch an die vertrauten Schemata, zuerst durch die eigene simulierte Handlung, später werden vertraut gewordene Schemata auch auf andere Objekte oder Personen projiziert (z.B. den Teddybär schlafen lassen), nachgeahmte, nicht eigene Verhaltensmuster werden symbolisch darge-

---

[45] Piaget, Jean: *Nachahmung, Spiel und Traum - Die Entwicklung der Symbolfunktion beim Kinde*, Stuttgart, 1975

stellt (z.B. im Topf rühren wie Papa), schließlich werden Dinge und Personen symbolisch imitiert und Objekte beliebig umgedeutet und kombiniert. Man kann also davon ausgehen, dass sich symbolische Repräsentationen der Verhaltensmuster, der Objekte und Personen im kindlichen Geiste entwickelt haben: Das „Zeichen" löst sich vom „Bezeichneten" (ebd., S.162)[46], damit ist die Fähigkeit zu Vorstellung, Symbolspiel und Fiktion geboren. (Vgl. ebd., S.157-166)

Schon die ersten Schritte der symbolischen Assimilation der Realität an das Ich im Spiel eröffnen dem Kind einen viel weiteren Handlungsraum ohne Anpassungsdruck der Wirklichkeit. „Es sucht [...] sein Ich zu entfalten und dem Ich ohne Beschränkung das zu assimilieren, was normalerweise Akkommodation an die Wirklichkeit und assimilatorische Anstrengung ist." (ebd., S.160)

Ab dem dritten bis vierten Lebensjahr, auf dem Niveau der „symbolischen Kombinationen" (ebd., S.167), wirken Assimilation und Nachahmung zusammen. Das Kind kann nun symbolische Repräsentationen der Wirklichkeit in der Vorstellung zu komplexen Szenen kombinieren und Fantasiekonstrukte entwickeln. Die Spiele ereignen sich völlig losgelöst von der Wirklichkeit und können abenteuerliche, umfassende Fantasiewelten darstellen, also die Assimilation der realen Umgebung auf die Spitze treiben. Dennoch sind die einzelnen Elemente der Imagination im Grunde Nachahmungen und Reproduktionen wirklicher Erfahrungen. (Vgl. ebd., S. 167-171)

Dieses Spiel setzt sich fort in den „kompensatorischen Kombinationen" (ebd., S.172). Darin spielt das Kind Szenen, die in der Realität verboten, nicht möglich oder ängstigend sind, um sie auf diese Weise zu bewältigen. Es assimiliert also die Wirklichkeit an das Ich, um sich gegen den Druck der Akkommodation zu wehren, der es in manchen Situationen überfordert oder ihm unangenehm ist. (Vgl. ebd., S.172f) Diese Situationen können auch im Spiel vorweggenommen, d.h. antizipiert werden. (Vgl. ebd., S.175)

Im Alter zwischen vier und sieben Jahren gewinnt das Symbolspiel an Ordnung und an Genauigkeit der Wirklichkeitsimitation. Während die Spielthemen symbolisch bleiben, wird die Akkommodation der Realität also möglichst präzise. Hier beginnt auch das kollektive Symbolspiel,

---

[46] Das ist der Beginn des Symbolgebrauchs im Sinne von Ernst Cassirer und Susanne K. Langer (Vgl. in dieser Arbeit: Kapitel 3.2)

indem unter den Spielern Rollen differenziert vereinbart werden und sich gegenseitig ergänzen. (Vgl. ebd., S.176ff) Hier hat das Symbolspiel insgesamt aber bereits seinen Zenit überschritten. In einem weiteren Entwicklungsstadium (sieben bis elf Jahre) verliert das Symbolspiel an Bedeutung. Seinen Stellenwert nehmen die Regelspiele und die symbolischen Konstruktionen (Malen, Zeichen, Bauen) ein. Letztere nähern sich ihrer Form nach der zielgerichteten Arbeit. Auch dieses Spiel ist immer mehr orientiert an der möglichst wirklichkeitsgetreuen Darstellung in den Zeichnungen, Bildern und Konstruktionen. (Vgl. ebd., S.183)

Im Allgemeinen lässt sich sagen, dass das Symbolspiel abnimmt, je mehr das Kind seinen Wirkungskreis und seine Handlungsfähigkeit ausbaut. Assimilationsleistungen werden immer weniger nötig, da das Kind immer besser mit der Realität umgehen kann. (Vgl. ebd., S.187)

Doch auch bis ins Erwachsenenalter bleibt das Spiel erhalten: als soziales Regelspiel. „Das Regelspiel ist die spielerische Aktivität des sozialisierten Wesens." (ebd., S.183) Darunter versteht Piaget entweder „sensomotorische Kombinationsspiele" (Fangspiele, Ballspiele, etc) (ebd. S.185) oder „intellektuelle Kombinationsspiele" (Gesellschaftsspiele) (ebd.), die im Wettstreit zwischen Individuen ausgetragen werden. Sie seien entweder im gegenwärtigen Übereinkommen oder aber durch ein überliefertes Regelwerk reglementiert. Ihre Quellen seien in den Gebräuchen Erwachsener, in kollektiv gewordenen sensomotorischen Übungsspielen oder in Symbolspielen zu suchen, die in ihrer gemeinschaftlichen Form allerdings ihren darstellenden Charakter gänzlich oder zumindest teilweise verlören (z.B. Räuber und Gendarm). (ebd., S.185f)

Es handelt sich also um eine Entwicklung vom Übungsspiel über das Symbolspiel zum Regelspiel, wobei jede dieser Spielformen bis ins Erwachsenenalter erhalten bleibt, jedoch verlieren Übungs- und Symbolspiel mit fortschreitender Entwicklung stark an Bedeutung. Das Spiel ist für das Kind ein wichtiges Werkzeug, sich der Wirklichkeit zu bemächtigen, ohne ihr tatsächlich schon gewachsen sein zu müssen. Auch den Erwachsenen bleibt das Spiel erhalten. Winnicott begründet dies plausibel mit dem stets im Menschen bestehenden Druck, das Ich und die Welt im intermediären Erfahrungsbereich des Spiels wieder miteinander zu verknüpfen. Darin kann sich der Mensch kreativ entfalten, das Leben als lebenswert empfinden und sich gegen ein Übermaß an Angepasstheit wehren. Er hat dahingehend einen erweiterten Spielbegriff, der auch das kulturelle Erleben umfasst. Die Spiele der Erwachsenen werden vielleicht nicht immer als solche erkannt. Möglicherweise hat Piaget den

Reiz des symbolischen Spiels (im weiten Sinne) für die Erwachsenen unterschätzt.

3.6 Der Versuch einer Gliederung vielfältiger Spielphänomene

3.6.1 Grundlagen der Gliederung

Das vorliegende Schaubild in Abb.1 (siehe Anhang) soll ein Raster zur Orientierung in der vielfältigen Spiellandschaft bilden. Es ist der waghalsige Versuch, ein *wenig* Ordnung in das Chaos dieser überaus heterogenen Phänomene zu bringen, die Spiele sind, sein könnten oder vorgeben zu sein. Dieses Schema ist nicht verbindlich, sondern höchst anfällig für Kritik. Alles darin Aufgeführte hat seine Ausnahmen, Einschränkungen, Erweiterungen und Sondersituationen. Daher erhebe ich nicht den Anspruch, mit diesem Raster etwas zu kategorisieren, das man nicht an eindeutige Kategorien fesseln kann. Stattdessen soll es eine Möglichkeit sein, vor allem den zweifelhaften Spielphänomenen Sport, Kunst, Fernsehen usw. einen plausiblen Platz im „Spieluniversum" einzuräumen. Der Leser kann selbst einen Versuch machen, irgendein Spiel darin einzuordnen.

Auch wenn Scheuerl in seinem Gliederungsversuch (Vgl. Scheuerl, 1965, S.142ff) etwas anders vorgeht, ist mein Schema doch durch seine Abhandlung inspiriert. Aus meiner Sicht ist seine Unterscheidung von Spieltätigkeit und Spielgeschehen sowie vom tätigen und wahrnehmenden Subjekt eine Erkenntnis von zentraler Bedeutung für das Verständnis der Spielphänomene. Ich nehme daher die drei „Spielperspektiven", die sich aus dieser Unterscheidung ergeben zur Grundlage einer Gliederung:

- subjektlose Spieltätigkeit (ein Spielgeschehen erzeugen, ohne die eigene Tätigkeit als Spiel zu erleben)
- Spiel im engeren Sinne als Spieltätigkeit, bei gleichzeitiger Wahrnehmung des Spielgeschehens
- Wahrnehmung des Spielgeschehens ohne eigene, das Spiel beeinflussende, Tätigkeit („Zuschauen")

Selbst in dieser spartanischen Dreigliederung verschwimmen die Grenzen. Die Einteilung eines Spiels hängt von der Haltung des Spielers ab, die ganz unterschiedlich sein kann. Ich erwähnte zuvor die Schauspielerei, die theoretisch auch als Arbeit empfunden werden könnte. Fraglich ist jedoch, ob ein Schauspieler sich wirklich völlig der Scheinwelt des Spiels entziehen kann und seine Darstellung „erledigt".

Vertikal lege ich eine Skala zwischen den Polen „Spielerei" (Vgl. ebd., S.221ff) und „Kunst" zugrunde. „Spielerei" ist laut Scheuerl die „Entartung" (ebd., S.223) von Spielformen, sofern sie unterhalb des Leistungsniveaus des Spielers gespielt werden, daher nicht fordern und nicht zu einem ambivalenten Spannungsverhältnis führen. Ohne Scheuerls Abwertung zu teilen, zähle ich auch beispielsweise die ersten frühkindlichen Spiele dazu. In der ersten Spielerei assimiliert das Kind die Wirklichkeit an das Ich[47] bzw. passt sich die Mutter dem Kind völlig an[48]. Eine fordernde Spielaufgabe stellt sich dem Kind also erst mit fortschreitender Entwicklung, dann wird aus Spielerei Spiel. „Kunst" verstehe ich als höchste Kunstfertigkeit des Spielers, der sich mit seinen meisterhaften Fertigkeiten größten Herausforderungen stellt. In der vollendeten Leistung verschwinden seine realen Anstrengungen hinter der scheinhaften Schönheit[49] des Spielgeschehens. Meines Erachtens lässt sich ein Spielphänomen je nach Ausmaß der Spielerleistung bzw. -fertigkeit, der Herausforderung und der Schönheit der Spielerscheinung stets zwischen diesen beiden Polen einordnen, wobei zu beachten ist, dass wir ein Spiel in ganz unterschiedlicher Qualität erleben können. Die meisten der angegebenen Spiele erscheinen in unendlich vielen Steigerungsgraden bis hin zu höchster Kunstfertigkeit. Die Übergänge zwischen „Spielerei", „Spiel" und „Kunst" können fließend sein. Meine Einordnungen sind spekulativ. Sie sollen aber, wie gesagt, nicht verbindlich sein, sondern Orientierung bieten und Anlass zur Diskussion sein.

Wir wissen nun bereits, dass ein gelingendes Spiel ein maßvolles Spannungsverhältnis zwischen Können und *Herausforderung* des Spielers bedarf. Mit der wachsenden *Fertigkeit* muss also auch die Schwierigkeit des Spiels steigen, damit die Ambivalenz erhalten bleibt. Analog dazu steigt die reale *Leistung* des Spielers, die jedoch bei großer Meisterhaftigkeit hinter der schwebenden *Schönheit* des Spielgeschehens verschwindet, das sich dann *wie von selbst* abspielt. Diese vier „Maßzahlen" weisen also den Weg von „Spielerei" zu wahrer „Spielkunst". Um auf der Seite des wahrnehmenden Subjekts die Schönheit wahrnehmen

---

[47] Vgl. in dieser Arbeit: Kapitel 3.5.2 *Die Entstehung und Entwicklung des Spiels im Kindesalter (Jean Piaget)*
[48] Vgl. in dieser Arbeit: Kapitel 3.5.1 *Spiel als intermediärer Spannungsbereich zwischen Subjekt und Welt (Donald, W. Winnicott)*
[49] *Schönheit* im Sinne Schillers als ästhetische Erfahrung (Vgl. in dieser Arbeit: Kapitel 3.1)

zu können, ist auch ein entsprechendes Maß an Verständnis für das Spiel nötig. Jemand, der ein meisterhaftes Schachspiel beobachtet, das Schachspiel aber nicht en detail kennt, dem wird die Schönheit der Partie nicht offenbar werden. Der Zuschauer bleibt daher niemals ganz passiv. Er spielt, insofern er sich der Scheinwelt hingibt, deren Bilder, Zusammenhänge, Bedeutungen er selbst erzeugt (z.b. beim Lesen). Er muss *im Geiste mitspielen*. (Vgl. ebd., S.161) Wenn dieses Verständnis beim *Spieler* nicht gegeben ist, kann man nur von einer Spiel*tätigkeit* sprechen, die nur von anderen verstehenden Subjekten als Spiel wahrgenommen wird (z.b. frühkindliche Bewegungsspiele).

In das Schema ordne ich einige Grundkategorien des Spiels anhand ihres dominierenden Inhalts sowie beispielhafte Ausprägungen ein - ohne den Anspruch auf Vollständigkeit, sondern lediglich als Wegweiser. Es ist natürlich möglich, dass ein Spiel mehreren Kategorien zugleich angehört.

- Bewegungsspiele
- Darstellende Spiele
- Schöpferische Spiele
- Kommunikationsspiele
- Zufallsspiele
- Geistige Spiele

Versuchsweise habe ich auch die Formen des „Kulturspiels" in Anlehnung an Huizinga in das Raster eingeordnet. Wie zuvor beschrieben sind diese nur mit Distanz als Spiele wahrnehmbar.[50]

„PC- und Konsolenspiele", „Wettkampf" und „Geschicklichkeitsspiel" bilden bei mir bewusst keine eigenen Kategorien. „Geschicklichkeit" ist nur ein anders Wort für „Fertigkeit", die ohnehin bei jedem Spiel gefordert ist. Beim Computerspiel handelt es sich meines Erachtens nicht um eine besondere Spielform, sondern um ein besonderes Spielfeld: der virtuelle Raum. Alle genannten Spielkategorien lassen sich darin spielen, wobei die realen Tätigkeiten stark reduziert sind (z.B. Joystick bewegen). „Wettkampf" ist aus meiner Sicht ein Impetus, der in jedem Spiel

---

[50] Vgl. in dieser Arbeit: Kapitel 3.4 *Johan Huizingas kulturanthropologische Spieltheorie*

mit einem Gegner[51] mehr oder weniger ausgeprägt zutage tritt. „Spiel ist Kampf, und Kampf ist Spiel."(Huizinga, 1956, S.46) Es ist der Drang, das Spiel in Entgegensetzung zu den unberechenbaren Herausforderungen innerhalb der Regeln zu beherrschen. Im Sport ist der Wettkampfgedanke wohl am augenfälligsten. Er ist es, der den Anspruch auf reale Leistung für den tätigen Spieler in den Vordergrund rückt und ihm so immer mehr die Wahrnehmung des schönen Spielgeschehens verwehrt. Im Profisport gilt es, das Spiel zu beherrschen, um zu gewinnen.[52] Mit dem Kampf um ein gewisses Leistungsniveau bzw. um den Sieg ist ein praktischer Nutzen verbunden (z.B. Karrierechancen, Geld). Das macht die Spieler zu Kämpfern oder Arbeitern, also nur noch zu *Spieltätigen*. Doch beispielsweise durch die Entgegensetzung zweier Mannschaften mit dem gleichen kämpferischen Impetus entsteht wiederum ein Spannungsverhältnis und ein für Zuschauer wahrnehmbares Spielgeschehen. (Vgl. Scheuerl, S.152) Aus meiner Sicht bleibt der Profisport allerdings unterhalb der wahrhaften Kunstfertigkeit, denn beim einzelnen Spieler oder bei einer Mannschaft für sich genommen fehlt die Harmonie zwischen Leistung und Hingabe, die die reale Anstrengung im Spielgeschehen erst unsichtbar macht. Doch es gibt auch Ausnahmen, wenn etwa die größten Ballkünstler im Fußball mit äußerster Leichtigkeit und Schönheit spielen. Wenn der Gegner ihnen nicht ebenbürtig ist, beginnen sie ein Spiel im Spiel. Statt den Ball direkt und sicher auf das Tor zu spielen, bürden sie sich ein neuerliches Wagnis auf, um vollendete Ballartistik vorzuführen. Wenn sie also ohnehin überlegen sind, schwindet der Wettkampf und Leistungsgedanke und es entsteht ein Freiraum für die Hingabe an das schöne Spielgeschehen.

---

[51] Als Gegner kann auch das eigene Ich fungieren, wenn beispielsweise ein persönlicher Rekord gebrochen werden soll.

[52] Jeder Dopingfall, zeigt aufs Neue, dass in vielen Profisportdisziplinen ein selbstzerstörerischer Kontrollzwang und außerspielerische (Sponsoren-)Interessen das Spielerische gänzlich dominieren. In manchen Disziplinen sind längst alle Rekorde gebrochen und das äußerste der menschlichen Fähigkeiten ist erreicht. Das Spiel strebt aber nach Erweiterung. Um mitzuhalten bleibt dem Menschen nur der Regelverstoß. Damit wird er zum Falschspieler. Ein Falschspieler hat aber nie das schöne Spielgeschehen im Sinn, sondern die Kontrolle des Spiels, um zu gewinnen.

3.5.2 Bewegungsspiele

Wir befinden uns schon mitten in der Kategorie der *Bewegungsspiele*. Es beginnt im frühkindlichen, sensomotorischen Übungsspiel,[53] wird mit fortschreitendem Verstehen und wachsenden Fertigkeiten komplexer, mit Regeln versehen und auch für das Kind zum „Spiel". Mit höherem Lebensalter und steigenden Fertigkeiten werden die Bewegungsspiele langsam zu Sportspielen. Bei Erwachsenen schieben sich mehr und mehr der Leistungsanspruch und außerspielerische Werte vor das Spielgeschehen (z.B. Anerkennung, Überlegenheit, Fitnesstraining). Anschaulich wird der Unterschied zwischen Sport und Sportspiel an einem Beispiel: Beim Volley-Ball werden Freizeitspieler darum bemüht sein, den Fluss des Spiels möglichst lange zu erhalten, Sportler dagegen haben keine Skrupel, unerreichbare Schmetterbälle zu spielen. Ihnen geht es um den Sieg, vielleicht erst in zweiter Linie um das Spiel.

Jedes Freizeitspiel kann natürlich zu absoluter Kunstfertigkeit gesteigert werden, was je nach Ausübung mit einem gesteigerten Wettkampfimpetus wiederum im Profisport „endet". Auf diesem gesteigerten Niveau haben Zuschauer gerne Teil am schönen Spielgeschehen und pilgern in Scharen zu Sportereignissen. Mannschaftssportarten haben offenbar eine größere Anziehungskraft, da der unmittelbar sichtbare antithetische Charakter ein schöneres Spielgeschehen für den Zuschauer evoziert als beispielsweise beim Zehnkampf, bei dem der „Spieler" in erster Linie gegen sich und den Rekord kämpft. Den besonderen Reiz - beispielsweise beim Fußball - macht sicher auch das eigene Spiel der Zuschauer aus, die selbst ein Spiel mit nahezu kultischem Charakter spielen, indem sie ihre Anhängerschaft feiern.

3.6.3 Darstellende Spiele

Das führt uns zur Kategorie der *darstellenden Spiele*.[54] Die Fußball-Fangemeinde wird nicht selten mit Religionsgemeinschaften verglichen. Die Verwandtschaft von Spiel und Ritual haben wir bereits erläutert.[55] Das religiöse Spiel steht meines Erachtens auf der Schwelle zwischen unbewusster Spieltätigkeit (religiöse Praxis als Pflichterfüllung) und

---

[53] Vgl. in dieser Arbeit Kapitel 3.5.2 *Die Entstehung und Entwicklung des Spiels im Kindesalter (Jean Piaget)*
[54] Vgl. hierzu Scheuerl, 1965, S.155ff
[55] Vgl. in dieser Arbeit Kapitel 3.4 *Johan Huizingas kulturanthropologische Spieltheorie*

dem bewussten Betreiben eines heiligen Spiels (die „mystische Verwirklichung" im Sinne Huizingas[56]). Auch die darstellenden Spiele beginnen beim einfachen Kinderspiel.[57] Wenn etwa ein Kind ein Spielzeugauto über einen gemusterten Teppich lenkt, spielt es (im Geiste) die Rolle des Autofahrers, der sein Gefährt kilometerweit über Straßen steuert. Kinder stellen im Spiel auch Gegenstände dar (z.B. ein Flugzeug). Diese Spiele verknüpfen das darstellende mit dem Bewegungsspiel. Die Darstellung einer Imagination kann als bloßer Anlass für ein Bewegungsspiel fungieren. Offensichtlich sind die klassischen „Vater-Mutter-Kind"-Rollenspiele erste Formen der Schauspielerei, wenngleich die Darstellung *für* ein Publikum hier noch keine Rolle spielt. Daraus entwickelt sich mit zunehmender Komplexität das Theaterschauspiel, Pantomime, darstellender Tanz bis hin zur höchsten Kunst des darstellenden Spiels. Im Feld der unbewussten Spieltätigkeit findet sich ein Äquivalent zum darstellenden Spiel. Etwa im Blendertum, der öffentlichen Selbstinszenierung bzw. Selbstüberhöhung, um Ansehen, Einfluss und Überlegenheit zu erheischen. All diese Formen bieten sich hervorragend an für den Genuss des Spielgeschehens durch den Zuschauer. Das Spielgeschehen ist beim Theater und vor allem beim Kasperletheater noch auf die Tätigkeit bzw. die Reaktion der Zuschauer angewiesen (Vgl. Scheuerl, 1965 S.159f), was sie selbst in die Nähe der „Spieler" rückt, während beispielsweise Fernsehen deutlich passiver ist. Die wirklichkeitsgetreuen Abbilder auf der Mattscheibe oder Leinwand bedürfen nur eines relativ geringen Verständnisses. Dennoch muss das fragmentarische Abbild der „Wirklichkeit" in einer selbst erzeugten Bilderwelt weitergedacht werden. Wer sich an die Scheinwelt nicht hingeben kann, sieht schließlich nur eine bunt flackernde Mattscheibe. Nun lässt sich Fernsehen per se nicht kategorisieren. Was „gespielt wird", kann ja höchst unterschiedlich sein und erfordert völlig differente Verständnisfertigkeiten. Die Hingabe an die Scheinwelt des Fernsehens ist nur die erste Verstehensleistung des Zuschauers, innerhalb dieser Bilderwelt nimmt er wiederum rezeptiv teil an einem Spielgeschehen (z.B. Schauspiel, Kommunikationsspiel, Naturschauspiel).

---

[56] Vgl. ebd.
[57] Vgl. in dieser Arbeit Kapitel 3.5.2 *Die Entstehung und Entwicklung des Spiels im Kindesalter (Jean Piaget)*

3.6.4 Schöpferische Spiele

Eine besonders interessante Kategorie ist das *schöpferische Spiel*, denn es bringt uns zur Rolle der Kunst (Dichtung, Komponieren, bildende Kunst) im Feld der Spielphänomene. Der lineare Schaffensakt, der darauf gerichtet ist, ein Werk zu produzieren, ist kein Spiel. „Es ist Schaffen im Dienste des Spiels." (ebd., S.161) Es legt den Rahmen und die Regeln für das kommende Spiel fest, das sich durch die Betrachter, Zuhörer und Interpreten vollzieht. „Von vornherein ist das Schaffen auf das Nachschaffen gerichtet [...]." (ebd., S.162). Eine Komposition kommt erst zur Wirkung durch den Musiker, der sie interpretiert. Ein Roman wird erst zum mitreißenden „Kopfkino", wenn der Leser die Schrift in eine Bilderwelt übersetzt. Ein Gemälde wird erst zum Kunstwerk, indem ein Betrachter es wahrnimmt und sich der Erscheinung hingibt. Ein niedergeschriebenes Drama wird erst zum Spiel, wenn ein Schauspieler ihm Leben einhaucht.[58] Man könnte also sagen, dass ein Künstler sein Spiel der Imagination (eine im Geiste geschaffene Bilderwelt) im Werk konserviert (nicht-spielerischer Schaffensakt), auf dass es ein verstehender Rezipient nachspielt, um sich der gleichen „schönen" Scheinwelt hinzugeben. Je besser dieser Akt des Nachschaffens anhand des Spielrahmens gelingt, desto größer ist die Vollkommenheit des Kunstwerks. Zu Kontrollzwecken muss der Künstler auch immer wieder die Rolle des Spielers einnehmen und selbst „nachschaffen". Von besonderer Meisterhaftigkeit ist die Improvisation, in der die spielerische Imagination mit dem Schaffensakt zusammenfällt (ein kontrollierendes Nachschaffen ist dann nicht möglich). Scheuerl nennt dies „schaffendes Spielen" (Vgl. ebd., S.162). Es ist Spiel auf höchstem Niveau, von äußerster Schönheit und Leichtigkeit. Das Spielgeschehen macht jede reale Leistung, also den Schaffensakt, unsichtbar.

Kinder können einerseits *für* ein Spiel schaffen (ein Spiel vorbereiten) oder „spielend Schaffen", also das „Schaffen" spielen. (Vgl. Scheuerl, S.161ff) Das Werk hat dabei kaum Bedeutung, so wird beispielsweise ein Turm gebaut und sogleich wieder zerstört, um erneut etwas zu errichten.[59] Ein anderes Beispiel sind frühe Kinderzeichnungen. Das Spiel vollzieht sich planlos direkt auf dem Papier, um des Malens willen. Erst später, wenn dem Malen eine Vorstellung von dem Bild vorausgeht und

---

[58] Hier verschwimmt die Grenze zwischen schöpferischem und darstellendem Spiel.
[59] Bauen aus reiner Funktionslust, aus Vergnügen, Ursache zu sein. (Vgl. in dieser Arbeit: Kapitel 3.5.2 *Die Entstehung und Entwicklung des Spiels im Kindesalter (Jean Piaget)*)

ein Anspruch auf wirklichkeitsgetreues Abbilden immanent ist,[60] ist das Malen ein zielgerichteter Akt des Schaffens und der Anspruch des Kindes wächst, eine möglichst große Bündigkeit hervorzubringen. Das Malen ist auch dann noch vergnügliches Spiel und keine reine „Arbeit", weil das Kind sich dem zeitweiligen Nachschaffen und somit auch einem Spielgeschehen hingibt.

3.6.5 Kommunikationsspiele

In der Kategorie *Kommunikationsspiele* fasse ich alle Sprachspiele (z.b. das „Cadavre Exquis" der Surrealisten, Zungenbrecher) als auch spontane Wortspiele (z.b. Wortwitz, Doppeldeutigkeit, Ironie) sowie den ganzen Bereich des Humors und der spielerischen zwischenmenschlichen Kommunikation zusammen. Vor allem unter Erwachsenen erhält die Kommunikation oft einen spielerischen Charakter. Anstatt sich direkt und möglichst verständlich mitzuteilen, reden Menschen gelegentlich ironisch oder doppeldeutig. Der Reiz besteht in der Gefahr, eventuell nicht verstanden zu werden und das schöne Spielgeschehen offenbart sich, wenn das Gegenüber trotzdem versteht. Sogleich entsteht eine Art Bündnis, eine Spielgemeinschaft zwischen den Gesprächspartnern: man versteht sich. Jeder kennt den Reiz von „Insider-Witzen", die eine bestimmte Gruppe zusammenschweißen. Sie bildet eine abgegrenzte Spielgemeinschaft und nur die Mitglieder kennen dieses kommunikative Spiel, andern bleibt der Einblick verwehrt. Aufgrund der Variabilität der Symbolsysteme,[61] ist die menschliche Kommunikation durchsetzt von Freiräumen, die spielerisch ausgelotet werden. Auch laut Huizinga ist die Sprache „[...] von Spiel durchwoben." (Huizinga, 1956, S.12)

3.6.6 Zufallsspiele

Zur Kategorie *Zufallsspiel* gehören ein Großteil der sogenannten „Glückspiele". Ein „Glücksspiel" ist allerdings letztlich jedes Spiel: Es soll glücken, wenngleich das nicht in des Spielers Hand allein liegt. Formen wie Roulette, Wetten oder Würfeln können aus meiner Sicht besser *Zufallsspiele* genannt werden, wobei die Annahme, durch eigenes Vermögen (z.B. Glückssträhne, Strategie) dem bloßen Zufall etwas ent-

---

[60] Konstruktionsspiele mit wachsendem Anspruch auf wirklichkeitsgetreue Nachbildung. (Vgl. ebd.)
[61] Vgl. in dieser Arbeit: Kapitel 3.2 *Die Besonderheit des Menschen und die Voraussetzung für sein Spiel: Das Symbol*

gegen setzen zu können, eine notwendige Selbsttäuschung ist, um das Spielhafte wahrnehmen zu können. Eine reale „Spieltätigkeit" oder gar eine Leistung des Spielers gibt es eigentlich nicht, der Zufall ist Alleinherrscher. Es bleibt daher aus meiner Sicht im Feld der Spielerei und auf der Schwelle zwischen „echtem" Spiel und Zuschauen. Andere Formen wie Poker oder Black Jack gehören schon eher den Denk- und Strategiespielen, also den *geistigen Spielen* an.

3.6.7 Geistige Spiele

Bei Brettspielen beispielsweise werden permanent Strategien in der Vorstellung erprobt und durchgespielt, Zusammenhänge geknüpft und Spielzüge des Gegners antizipiert. Die realen Spielzüge sind nur immer wieder Anlass zu neuen Spielphasen im Geiste. Besonders interessant finde ich das geistige Spiel des Fantasierens z.B. in Tagträumen. Nicht nur Kinder geben sich dem gerne hin. Mit steigender kognitiver Leistung und stärkerem bewussten Fantasieren entsteht das Gedankenspiel der Ideation oder Imagination (Kreativität), in dem Gedanken, Symbole und Zusammenhänge spielerisch kombiniert werden. Dieses Spiel hat auch auf dem Niveau höchster Kunstfertigkeit ein Äquivalent, es geht dem (künstlerischen) Schaffensakt voraus. Es kann aber ebenso als „Inspiration" erlebt werden. Der Mensch ist dann ähnlich wie im Traum Zuschauer des Spiels, das das Unterbewusstsein betreibt. Wie jedes Spiel erfordert auch dieses einen Freiraum von der praktischen Welt, der sich durch kreatives, unangepasstes Denken eröffnet.

3.7 Nicht-Spiel

Wir haben nun unzählige, unterschiedliche Phänomene als Spiel gekennzeichnet. Es besteht die Gefahr, leicht in eine „Alles-ist-Spiel"-Haltung zu verfallen. Eine Frage blieb bisher offen: Was ist Nicht-Spiel? Arbeit und Ernst schließe ich als Oppositionen aus. Oft genug ist deutlich geworden, dass so manches Spiel äußersten Ernst verlangt, mancher spielt sogar mit seinem Leben (z.B. Seiltänzer, Stierkämpfer). Da sich Spiel nicht als Tätigkeit definieren lässt, kann auch das Gegenteil keine Tätigkeit sein. Arbeit kann auch zum Spiel werden, indem sie ein Spielgeschehen verursacht.

Ziehen wir Scheuerls Spieldefinition zu Rate,[62] ergibt sich daraus auf das Wesentliche reduziert: Nicht-Spiel ist entweder absolute Eindeutigkeit, d.h. keine Ambivalenz, kein vom Faktischen enthobener *Schein*, sondern ein zielgerichtetes Streben nach Endlichkeit bzw. Gewissheit, daher auch keine Gegenwärtigkeit oder innere Unendlichkeit. Oder aber Nicht-Spiel ist totale Willkür, das heißt keinerlei Geschlossenheit. Im ersten Fall gibt es keinen Freiraum, im zweiten negiert sich die absolute Freiheit selbst. Wo dem Menschen im Leben die Freiräume zu eng werden oder zu weit, sodass er entweder bewegungsunfähig wird oder ihn Orientierungslosigkeit ängstigt, da mag er nichts mehr Spiel nennen. Er lebt stets zwischen diesen beiden Tendenzen auf der Suche nach Ausgleich. Laut Gunter Runkel besteht „[...] die Ästhetik des Spiels in der Versöhnung von Ordnung und Chaos [...]" (Runkel, 2003, S.87)[63]. Auch Schiller sah den Menschen nur im Spiel befreit von der Willkür der veränderlichen Natur und von der zwanghaften Ratio.[64] Werden die Zwänge zu einengend oder der vorhersehbare Alltag zu langweilig, emanzipiert sich der Spielfähige in einem freien Spielraum oder versieht sein Tagesgeschäft mit spielerischen Momenten. Ist die Vieldeutigkeit zu verwirrend, die Kontingenzerfahrung erdrückend, sucht er Sinn, Ordnung und Antworten im straff geregelten, ritualisierten Spiel.

---

[62] Vgl. in dieser Arbeit Kapitel 3.3 *Ein phänomenologischer Antwortversuch auf die Wesensfrage „Was ist Spiel?"*
[63] Runkel, Gunter: *Das Spiel in der Gesellschaft*, Münster, 2003
[64] Vgl. in dieser Arbeit: Kapitel 3.1 *Friedrich Schillers ästhetische Erziehung im Spiel*

4. Das Spiel in der Kulturpädagogik

4.1 Die besonderen Qualitäten und Möglichkeiten des Spiels

In diesem Kapitel werde ich nun aus den bisherigen Erkenntnissen Schlüsse für die Kulturpädagogik ziehen. An dieser Stelle nach nützlichen Spielmethoden zur wirksamen Vermittlung kulturpädagogischer Inhalte zu suchen, wäre frevelhaft. Schließlich handelt es sich um ein „konstitutives Prinzip des Lebens" (Vgl. Röhrs, 1981, S.4)[65], das nur allzu leicht zerstört wird, wenn es für außerspielerische Interessen instrumentalisiert wird. Stattdessen soll dieses Kapitel ein Plädoyer für das Spiel *schlechthin* sein, ein Appell für die angemessene Würdigung der mannigfaltigen Spielerscheinungen im menschlichen Leben und der Möglichkeit des Menschen, sich im Spiel zu befreien und zu entfalten. Ein Plädoyer dieser Art wäre natürlich gehaltlos, wenn das Spiel schlicht als Selbstwert erklärt würde. Sammeln wir also die Werte und Qualitäten, die das gelingende Spiel seinem Wesen nach bereits enthält ohne (lern-)zielorientiert gelenkt zu werden. Bestmöglich zur Wirkung gebracht sorgt das Spiel für eine bessere Lebensqualität im Sinne kulturpädagogischer Ziele: Bildung, Unabhängigkeit, Kreativität, Handlungsfähigkeit, ästhetische Erfahrung. Spiel muss daher nicht für diese Ziele *nutzbar gemacht* werden, sondern bedarf schlicht einer bestmöglichen Förderung. Das ist eine Querschnittsaufgabe, die jedoch derzeit sicherlich am besten durch die Kulturpädagogik zu leisten ist, da sie im Vergleich zu beispielsweise Schulpädagogik frei von Leistungsdruck ist.

4.1.1 Spiel fördert, fordert und bildet (?)

Spiel ist bei Pädagogen vor allem als Lernspiel sehr beliebt, da es einen Selbstbildungswert hat. Im Spiel lernt das Kind. Ist das wirklich so? Frühes Spiel *fordert* noch nicht, da die Mutter sich dem Kind noch sehr stark anpasst[66] bzw. das Kind sich die Wirklichkeit zu eigen macht ohne Anpassung zu leisten[67]. Von einem *Bildungsprozess im Spiel* kann man hier nicht sprechen, denn das eigentliche Lernen vollzieht sich durch die

---

[65] Röhrs, Hermann (Hrsg.): *Das Spiel - ein Urphänomen des Lebens*, Wiesbaden, 1981
[66] Vgl. in dieser Arbeit: Kapitel 3.5.1 *Spiel als intermediärer Spannungsbereich zwischen Subjekt und Welt (Donald. W. Winnicott)*
[67] Vgl. in dieser Arbeit: Kapitel 3.5.2 *Die Entstehung und Entwicklung des Spiels im Kindesalter (Jean Piaget)*

Nachahmung, die dem Spiel antithetisch gegenüber steht.[68] Dennoch *fördert* das Spiel die Einübung bekannter Schemata und eine gewisse (scheinbare) Handlungsfähigkeit in der Auseinandersetzung mit der Welt.[69] Mit der späteren Fähigkeit zum Symbolgebrauch und zur Vorstellung hält das *Spiel im Sinne Scheuerls* Einzug in die kindliche Spielwelt. Sogleich steht das Spiel dem Kind fordernd gegenüber. Es verlangt spezifische Fertigkeiten, eine den Anforderungen adäquate Leistung, Verständnis und Verantwortung für das Spielgeschehen sowie je nach Spiel auch soziale Fähigkeiten wie Kooperation. Es setzt also spielrelevante Fähigkeiten voraus. Diese müssen schon vor dem Spiel ausgebildet worden sein, sonst gelingt es nicht. Wo also liegt der Bildungswert, den man dem Spiel so gerne zuschreiben würde? Scheuerl schreibt dazu: „Das Spiel fördert, indem es fordert." (Scheuerl, 1965, S.182) Es bildet nicht *von selbst*, schafft aber einen großen Anreiz zu lernen, zu üben, zu trainieren, um ein Spiel betreiben zu können und gelingen zu lassen. So können beispielsweise Dinge auf ihre „Spieltauglichkeit" untersucht werden: Was ist das? Wie funktioniert es? Wie kann ich damit spielen? Dies ist eine dem Spiel vorausgehende Tätigkeit der Aneignung, die man unter die Begriffe Experimentieren, Entdecken, Forschen zusammenfassen und mit Piaget dem Prozess der Akkommodation[70] zuordnen könnte. Die Nützlichkeit des Erlernten für die außerspielerische Welt ist für den Spielenden völlig unerheblich. Im Umfeld des gelingenden Spiels gibt es eine Fülle von sensorischen, motorischen, kognitiven, sozialen Selbstbildungsprozessen, die allein das schöne Spielgeschehen zum Ziele haben, selbst aber noch keines erzeugen. Im Spiel werden die erlernten Fähigkeiten dann eingeübt und perfektioniert, auch die Einbildungskräfte beim rein rezeptiven Spielgenuss. Lernen kann auch zeitgleich mit dem Spiel verlaufen oder sich mit dem Spielgeschehen stetig abwechseln, ineinander übergehen, sodass die jeweiligen Phasen des Lernens, Ausprobierens, Übens und schließlich des vollendeten Spielens von außen und vom Spieler selbst kaum noch unterscheidbar sind. Wie letztlich alle Tätigkeiten kann sich der virtuose Spieler auch das Lernen zum Spiel machen, indem er auf Basis des vorhandenen Vermögens die „Arbeit" mit Spielmomenten versieht, Abstand nimmt von der Pflicht und die Etappenziele des Lernens zu Spielzielen macht. (Vgl. Scheuerl, 1965, S.176-189) Ein anschauliches Beispiel für dieses „spielende Lernen" (Vgl. ebd., S.186) ist das Erlernen eines neuen Musikstücks auf dem schon

---

[68] Vgl. ebd.
[69] Vgl. in dieser Arbeit: Kapitel 3.5 *Zwei entwicklungspsychologische Theorien zum Thema Spiel*
[70] Vgl. in dieser Arbeit: Kapitel 3.5.2 *Die Entstehung und Entwicklung des Spiels im Kindesalter (Jean Piaget)*

bekannten Instrument: das Lernen geht einher mit dem Erzeugen eines ästhetischen Spielgeschehens, das die Mühe des Lernens verdeckt - wenngleich das nur phasenweise, für wenige Akkorde gelingen mag.

Gänzlich neue Erkenntnisse entstehen im Spiel allerdings nie. Um ein Spiel zu erzeugen muss man es bis zu einem gewissen Grad schon können, um es zu genießen muss man es von vornherein verstehen. Der Selbstbildungswert des Spiels liegt in der Förderung des Einübens von Fähigkeiten und in dem großen Anreiz im Dienste des Spiels ernsthaft zu lernen. Dieser Bildungsprozess wird natürlich umso fruchtbarer und intensiver, je mehr die Umwelt Spielmöglichkeiten verspricht, die entdeckt werden wollen. „Man verkenne nicht die stille Verzweiflung von Kindern, die nach moderner, industriell animierter Spielpädagogik zu täglich sechzehnstündigen Spielen verdammt sind, abgeschnitten von allen Quellen des Ernstes und eingeschlossen in Spielplätze, die in seltsamer Weise an zoologische Gärten erinnern." (Vonessen, 1976, S.29)[71] Ein spielfähiger Mensch, das heißt jemand, der grundsätzlich in der Lage ist, sich Spielforderungen anzupassen und sich einem Geschehen hinzugeben, wird in einer reichen, herausfordernden, rätselhaften, vieldeutigen, aber nicht *über*fordernden Umwelt überall Anreize zum Spiel, also Lernanreize finden, die seine Neugierde wecken. Nicht jede Entdeckung oder Erkenntnis führt zum Spiel, doch das Spiel- und Handlungsrepertoire erweitert sich stetig, motiviert durch den Reiz des *schönen Scheins*. Was sonst kann so rigoros disziplinieren und dabei so viel Vergnügen bereiten?[72]

4.1.2 Spiel ermöglicht unangepasste Kreativität und autonome Handlungsfähigkeit in der Auseinandersetzung mit der Welt

In dieser Arbeit wurde mehrfach deutlich, dass Spiel eine autonome Erlebnisebene jenseits der fordernden Realität darstellt. Es ist frei von natürlichen Zwängen und rationalen Pflichten. Es befreit vom Anpassungsdruck und überlässt dem Subjekt eine (Teil-)Herrschaft über die selbstgeschaffene Spielrealität, die sich aber stets auf die Wirklichkeit bezieht. „Der Spieler [...] transzendiert diesen Bezug zur Objektwelt und bezieht

---

[71] Vonessen, Franz: *Vorm Ernst des Spiels*, in: Bayrische Akademie der schönen Künste (Hrsg.): *Der Mensch und das Spiel in der verplanten Welt*, München, 1976, S.9-47

[72] Vgl. hierzu Rumpf, Horst: *Spiel-Arten der Kulturaneignung*, in: Liebich, H. (Hrsg.); Zacharias, W. (Hrsg.): *Welt des Spiels - Spiele der Welt, Ein Reader über Spielen, Spielfelder, Spielpraxis und Spielprojekte*, München, 1991, S.11-15

sich auf eine Welt, wie sie sein könnte. Er verändert die Dinge, wie sie sind, in Dinge, wie sie sein könnten, indem er der Situation seine Subjektivität aufprägt." (Sutton-Smith, 1978, S.53)[73] Das macht es zu einer mitunter heilsamen Möglichkeit die überfordernde Wirklichkeit symbolisch zu ordnen, zu bewältigen, zu verändern, kreativ umzugestalten oder Zukünftiges zu antizipieren. Als solches ist das Spiel nicht nur für die frühkindliche Ontogenese unabdingbar.

Offenbar nimmt der Spielreichtum und die Komplexität der Spiele einer Gesellschaft zu, je komplexer diese Kultur ist und insofern sie ihren Mitgliedern Spielfreiheit einräumt. (Vgl. ebd., S.17ff / S.110ff) Hanne Seitz bezeichnet die Spielwirklichkeit als Spiegelbild der Alltagswirklichkeit. (Vgl. Seitz, 2006)[74] Spiel erlaubt, im geschützten Rahmen mit den alltäglichen Notwendigkeiten und (Un-) Ordnungsprinzipien, die die Gesellschaft darbietet, umzugehen. Die Bewältigungsfunktion des Spiels lässt sich daher schwerlich nur auf die Kindheit beschränken. Es ist in jedem Fall müßig, sich über bestimmte Spielinhalte zu entrüsten, sie sogar verbieten zu wollen. Sie sind doch viel eher Indikatoren für die Wirklichkeitserfahrungen des Spielers und den Zustand der Gesellschaft als Ursache ihrer Krankheiten. Das Ausleben von Allmachtsfantasien als Herrscher über Leben und Tod in PC-Spielen ist möglicherweise nur Ausdruck eines dominierenden Ohnmachtgefühls in der Wirklichkeit.[75] Im Spiel ist Platz für das Böse, für Grausamkeiten und Zynismus, ohne dass schädliche Folgen für die Realität zu befürchten sind (z.B. Horrorfilme, Krimis, sarkastischer Humor). Ebenso ist hier Platz für das „kontrollierte" Spiel mit der Angst. Darin liegt doch wiederum eine positive Bewältigungsfunktion.

Im Spiel werden in den etablierten Strukturen Freiräume geschaffen. Darin ist Platz für neue Ideen und für den symbolischen Umsturz des Alten. Winnicott verdeutlicht, „[...] daß das Kind oder der Erwachsene beim Spielen (und vielleicht nur beim Spielen) frei ist, um schöpferisch zu sein." (Winnicott, 1985, S.65) Ist das neue Spiel konstitutiver Teil der Kultur, hat die symbolische Umdeutung, die zum Ausdruck gebracht wird, auch eine reale Umwälzung der Kultur zur Folge. In der Lebens-

---

[73] Sutton-Smith, Brian: *Die Dialektik des Spiels - Eine Theorie des Spielens, der Spiele und des Sports*, Schorndorf, 1978

[74] Seitz, Hanne: *Spiel als kulturelle Praxis - Kreisende Annäherung an ein widersprüchliches Phänomen*, in: Das Baugerüst: für Jugend- und Bildungsarbeit, Zeitschrift für Mitarbeiterinnen und Mitarbeiter in der evang. Jugendarbeit und außerschulischen Bildung, Heft 2, 2006, S.22-26

[75] Die Vermutung muss an dieser Stelle leider unüberprüft bleiben.

stilrevolution der 60er-Jahre gründeten die 20-30Jährigen eine neue, eigene Spielgemeinschaft und deuteten das Gesellschaftsspiel (im Wortsinne), das bis dahin gespielt wurde, um, indem sie alle etablierten Spielregeln hinterfragten und brachen und ihre eigene Deutung in ihrem „Lebensstilspiel" symbolisch zum Ausdruck brachten. Das ist ein plakatives Beispiel für die Rolle des Spiels als Quelle kulturellen Wandels. Die Aktivierung der Kreativität im Spiel sei die Basis für kulturelle Entwicklung, so Rolf Oerter. (Oerter, 2006, S.329)[76]

Ein weniger radikales, aber dennoch öffentlich sichtbares Spielphänomen, das die Üblichkeiten hinterfragt oder zumindest den alltäglichen Verlauf der Dinge ins Stocken bringt ist der „Flashmob":[77] Wildfremde Menschen verabreden sich über das Internet zu riesigen Treffen, um auf Kommando eine kurze, „unsinnige" und irritierende Aktion auf stark frequentierten, öffentlichen Plätzen durchzuführen (z.B. 15 Sekunden grundlos applaudieren, Vogelstimmen imitieren oder in ihrer Bewegung urplötzlich „einfrieren"), um sich danach genauso plötzlich wieder aufzulösen und in der anonymen Menge zu verschwinden. Dem geordneten Individualismus setzt dieses Spiel eine äußerst flüchtige kollektive Aktion entgegen, die die alltägliche Ordnung für einen Moment aus dem Takt bringt. Die Spielgemeinschaft schafft, was der einzelne Teilnehmer nicht bewerkstelligen könnte: das Kollektiv ist handlungsfähig und sichtbar. Innerhalb des schützenden Spielrahmens sind so gewisse Grenzüberschreitungen möglich. Man mag einwenden, dass das auch negative Potenziale in sich birgt. Dem halte ich entgegen, dass den Flashmob vor allem seine Flüchtigkeit kennzeichnet. Es ist nur ein kurzer Moment der Irritation, der im Bewusstsein der Zeugen nachhallt, aber keine nachhaltige Veränderung der faktischen Strukturen bewirkt. Es ist daher vor allem ein Spiel mit der Wahrnehmung der Zuschauer, eine kurze Störung ihrer eingeschliffenen Erwartungen und Orientierungsmuster. Indem für einen Augenblick die Standards und Verlässlichkeiten aufgehoben werden, öffnet sich ein Freiraum, in dem kurzzeitig andere Möglichkeiten der Daseinsgestaltung denkbar werden. Der Umsturz der Standards passiert nur symbolisch, führt aber im Idealfall bei Zuschauern und Akteuren zu einem flexibleren Bewusstsein und einer differenzierteren Wahrnehmung von Notwendigkeit und „willkürlicher" Spielregel.

---

[76] Oerter, Rolf: *Spielend leben lernen - Zur Bedeutung des Spiels für die menschliche Entwicklung*, in: *Deutsche Jugend - Zeitschrift für Jugendarbeit*, Heft 7/8, 2006, S.329-339

[77] Vgl. hierzu Kümmel, Peter: *Der kurze Sommer der Anarchie*, in: DIE ZEIT, Nr.38, 11.9.2003, S.45

„Erst durch das Spiel wird menschliche Entfaltung als ein spielerischer Vollzug des Potentiellen im offenen Feld möglich." (Röhrs, 1981, S.4) Im Großen wie im Kleinen gibt das Spiel dem Subjekt seine symbolische Herrschaft über die Wirklichkeit zurück.[78] Damit ist das Spiel ein experimenteller Multioptionsraum der individuellen Utopien. In der freien Wahl und Gestaltung des Spiels eröffnet sich die Möglichkeit, selbstbestimmte Erfahrungen zu machen, die das gewöhnliche Leben nicht bereithält, jedenfalls nicht ohne negative Folgen (ob in Tagträumen, im Rollenspiel, im Gesellschaftsspiel oder beim Genuss einer Theatervorstellung). Das hat zum einen eine emanzipatorische Wirkung, zum anderen gibt es die Möglichkeit der kreativen Lebensgestaltung. Das Ausprobieren von Alternativen im Spiel passiert zwar „nur" symbolisch, erhält aber die Flexibilität im Denken und Handeln, indem die Alltäglichkeiten immer wieder aufs Neue hinterfragt und Möglichkeiten erprobt werden, die sich letztlich durch die dynamische Grundhaltung auch auf die konkrete Lebensführung auswirken können.

Es ist der jeweilige geschlossene Freiraum des Spiels, der dem Subjekt sein Gefühl der Handlungsfähigkeit sichert und Selbstbewusstsein stiften kann: Gegenüber restriktiven Strukturen des Alltags gewährleistet es einen freien Bewegungsraum, gegenüber chaotischer Vieldeutigkeit stiftet es Sinn und Ordnung in den sicheren Grenzen des Rituals. In beiden Fällen tritt der Spieler symbolisch aus dem Verlauf der Vorbestimmung heraus und nimmt sein Schicksal selbst in die Hand, im maßvollen Spannungsverhältnis zwischen Souveränität und Wagnis, zwischen sichernden Regeln und Freiheit. „Die Menschen brauchen nicht nur die Wirklichkeit, sondern auch die Möglichkeit." (Runkel, 2003, S.89f) Das Spiel ist der Ort dafür, das Symbol das Medium.

4.1.3 Soziales Spiel bildet Spielgemeinschaften

Huizinga attestiert dem höheren sozialen Spiel die Tendenz zur Bildung von dauerhaften Spielgemeinschaften.[79] Ob Kirchengemeinde, Kleingärtner-Verein, Gothic-Szene oder Konstrukte anderer kultureller Zugehörigkeit - immer handelt es sich um Spielgemeinschaften in Huizingas Sinne, die ihre eigenen Ordnungen und Deutungsmuster in der Auseinandersetzung mit der Welt spielerisch zum Ausdruck bringen. Einige

---

[78] Vgl. in dieser Arbeit Kapitel 3.5 *Zwei entwicklungspsychologische Theorien zum Thema Spiel*
[79] Vgl. in dieser Arbeit Kapitel 3.4 *Johan Huizingas kulturanthropologische Spieltheorie*

grenzen sich deutlich, andere weniger stark ab - auch mit Hilfe ihrer ganz eigenen Symbolsysteme und Konventionen. Das führt zwischen Spielgemeinschaften mitunter zu Missverständnissen und Auseinandersetzungen. Ins politische Blickfeld rücken diese Konflikte, wenn es sich um namentlich *interkulturelle* Schwierigkeiten handelt. Vermittlungsarbeit könnte hier das Spiel leisten, indem es Gemeinsamkeiten schafft und darüber eine weitere, übergreifende kooperative Spielgemeinschaft bildet ohne die anderen aufzulösen. Was wie ein banales pädagogisches Konzept für interkulturelle Projekte im Jugendzentrum klingen mag, zeigt seinen Wirkungsgrad, wenn dem gemeinsamen Spiel eine größere Bedeutung in der gesellschaftlichen Mitte eingeräumt wird. Die Fußball-WM 2006 offenbarte sich als gigantisches interkulturelles Fest, obwohl (oder gerade weil) Rivalität Teil des Spiels war. Natürlich implizieren diese Spiele auch Spannungen und Sprengkraft - wie letztlich jedes Spiel. Es enthält das Unbekannte, Unberechenbare. Vielleicht werden manch lieb gewonnene, etablierte Grenzen spielerisch eingerissen. So werden vorfindliche Strukturen hinterfragt, verändert, erweitert. Doch darin liegt ja der Fortschritt der Kultur, den das flexible Gemüt des Spielers nicht aus der Fassung bringt. Auf die Gefahr, dass meine Forderungen nach naivem Gutmenschentum klingen: Gemeinsame Feste feiern, gemeinsame Spiele spielen - das halte ich für die wirksamsten Verbindungsmöglichkeiten. Dass auch sie den Weltfrieden nicht herbeiführen, ist kein Argument gegen eine ausgiebige Pflege einer reichen Spielkultur.

4.1.4 Spiel bereichert das Leben

Nicht zuletzt aufgrund des kulturpädagogischen Vermittlungsziels der Fähigkeit zur „Ästhetisierung des Alltags" möchte ich kurz auf diese an sich banal klingende Facette des Spiels eingehen. Warum noch näher erklären? Spiel bereichert das Leben um das reinste Vergnügen. Aber: „Die Annahme, dass Spiel wegen seines lustgewinnenden Charakters aufgesucht wird, ist insofern falsch, als hier Spiel als Mittel zur Bedürfnisbefriedigung (Lustgewinnung) angesehen wird, die anthropologische und biologische Basis des Spiels aber viel tiefer liegt." (Oerter, 2006, S.329) Gerade durch die Annahme, Spiel sei ein launiges Intermezzo ohne weitere Bedeutung, wurde es als Randphänomen verdammt. Tatsächlich ist das Spiel mehr als bloße Vergnüglichkeit. Auch Schiller hat es nicht bei dem Genuss der „schmelzenden Schönheit", die harmonisch auf das Gemüt wirkt, belassen, sondern auf die notwendige „anspannende" Wirkung des Erhabenen - also des Widerspenstigen, Überwältigenden, Bösen, Disharmonischen - durch die Erfahrung der „energischen Schönheit" hingewiesen.[80] Spiel entfaltet dann seine ganze lebensintensivierende Wirkung, wenn die ernsthafte Gradwanderung zwischen Souveränität und Risiko, zwischen Harmonie und Irritation Teil der ästhetischen Erfahrung ist: „Ein gelungenes Spiel zeichnet sich, ähnlich wie eine geglückte geistige Konstruktion, durch Elemente der Harmonie aus, in denen Grenzüberschreitungen eingebaut werden. [...] Das Leben bedarf der Grenze und ihrer zeitweiligen Überschreitung, wie im Lachen mit Bewusstsein die Grenze überschritten wird." (Runkel, 2003, S.89)

Unter Berufung auf Schiller ist die ästhetische Erfahrung längst konstitutiver Teil der kulturpädagogischen Praxis, wenngleich nicht immer unter dem Titel „Spiel". Wilfried Noetzel beklagt jedoch die zum Teil verfälschte und einseitige Rezeption der Schillerschen Theorie durch die Pädagogik, die allein auf die gefällige Schönheit und den hedonistischen Lustgewinn ausgerichtet sei. (Noetzel, 2006, S.155) Ähnliches beklagt Horst Rumpf, wenn er die allzu komfortable, „konsumistische Spielart der Kulturübereignung" (Rumpf, 1991, S.12) kritisiert: „Entrüstung hilft da nicht, wenn zutage liegt, daß die konsumistische wie die scholastische Art der Kulturübereignung die Kultur der Annäherung, die eine Kultur spielerischer Verrückungen und Ergänzungen und Verlangsamung ist, austrocknet bzw. zu einer technoformen Motivationsphase verstümmelt." (ebd., S.13)

Wo Spiel auf das einseitige, harmonische Vergnügen reduziert ist, muss man von „Spielerei" sprechen. Gelingendes Spiel enthält seinem Wesen nach immer ein ambivalentes Spannungsverhältnis, das das Verlässliche durch die Unsicherheit ergänzt und so erst die ganze Intensität der ästhetischen Erfahrung vollbringt, indem die Schönheit des „schwebenden Scheins" (Vgl. Scheuerl, 1965, S.80) erlebbar wird.

Kulturpädagogik muss daher das Disharmonische, die Ambiguität, das moralische Dilemma ins Spiel bringen. Das gelingende Spiel irritiert, es entzieht sich der vollständigen Einsicht, es gefährdet. Es fordert die intensive (bisweilen moralische) Auseinandersetzung mit dem Widerspenstigen. Daran wächst der Mensch und gewinnt an Erkenntnis und Erfahrung.

Spielerei als harmonisierende Realitätsflucht zu Erholungszwecken und für den individuellen Lustgewinn glättet das Leben, wahres Spiel dagegen intensiviert und bereichert es.

---

[80] Vgl. in dieser Arbeit: Kapitel 3.1 *Friedrich Schillers ästhetische Erziehung im Spiel*

4.1.5 Lernziel Spielfähigkeit oder die idealtypische Utopie vom Homo Ludens

Wir haben die Spielbetrachtung begonnen mit Schillers Ideal des spielenden Menschen. Was sich für manchen vielleicht wie eine edle Utopie liest, die nicht so recht in die heutige Zeit zu passen scheint, wird nun - nach eingehender Untersuchung des Spiels - möglicherweise gerade heute zu einem durchaus zeitgemäßen und erstrebenswerten Ideal: Was in der kulturpädagogischen Theorie bisher als „Lernziel Lebenskunst" (Vgl. Bundesvereinigung Kulturelle Jugendbildung, 2001) deklariert wird, kann ebenso gut „Lernziel Spielfähigkeit" heißen. Spielfähigkeit[81] und Spielbereitschaft sind die notwendigen Kompetenzen, um mit den heutigen gesellschaftlichen Prozessen optimal umgehen zu können, zugunsten einer gesteigerten Lebensqualität.

Vergegenwärtigen wir uns noch einmal kurz die Verhältnisse in der individualisierten Gesellschaft: Die restriktiven Eindeutigkeiten und Verlässlichkeiten haben sich gewandelt in vielfältige Wahlfreiheiten bzw. in einen Wahlzwang und ein erhöhtes Maß an Herausforderungen und Risiken. Bindende, nicht hinterfragbare Sozialstrukturen wurden ersetzt durch vielfältige, wählbare und flüchtige Zugehörigkeiten (z.B. Szenen, Lebensstile, Klubs).[82] Der einzelne verfügt über so viel Freizeit (d.h. frei verfügbare, frei gestaltbare Zeit) wie noch nie zuvor. (Vgl. Popp, 2006)[83]

Wer den Herausforderungen gewachsen ist, dem ist die individualisierte Gesellschaft ein Dorado der tausend Gestaltungsmöglichkeiten. Wer ihnen nicht gewachsen ist, nicht flexibel genug ist und nach Gewissheit und Verlässlichkeit sucht, wo sie kaum mehr zu erwarten ist, den nötigen die Anforderungen zu Anpassung oder Realitätsflucht in die passiven Spiele (Konsum, Fernsehen, virtuelle Welten in PC-Spielen).

„Erst soweit die Spielfähigkeit entfaltet ist und in entwicklungsspezifischer Form ihre Pflege erfährt, bleibt das Leben plastisch und vorangetragen von dynamischen Entwürfen. Die Spielfähigkeit wird ergänzt durch die Spieloffenheit und -bereitschaft als jener Grundeinstellung, die in jeder Lebenslage das Spiel zu beginnen vermag. Spielfähigkeit und Spielbereitschaft finden ihren Ausdruck in einer spielerischen Grundhaltung, die zeigt, daß das gesamte Leben entscheidend vom Spiel geprägt

---

[81] Nicht blinde Spieltätigkeit, sondern die Fähigkeit zur Erzeugung und Wahrnehmung eines Spielgeschehens im Sinne Scheuerls (Vgl. in dieser Arbeit Kapitel 3.3)
[82] Vgl. in dieser Arbeit: Kapitel 2 *Was ist Kulturpädagogik?*
[83] Popp, Reinhold: *Freizeit und Spiel*, in: *Deutsche Jugend - Zeitschrift für Jugendarbeit*, Heft 11, 2006, S.456-470

ist. Diese spielerische Grundeinstellung kann erwirken, daß alle Lebensphasen - selbst und gerade die Arbeit - letztlich in einer spielerischen Selbstbewahrung realisiert werden." (Röhrs, 1981, S.19)

Spielen wir das Ganze versuchsweise einmal durch: Der idealtypische Charakter des „kreativen Spielers" oder des „spielenden Lebenskünstlers" blickt auf eine gelungene Spielbiografie von Anbeginn zurück. Er ist daher ein kreativer und flexibler Geist, handlungsfähig und selbstbewusst. Er nimmt gestaltend Einfluss auf sein Leben und seine Umwelt, wenn nicht real, dann symbolisch im selbsttätigen wie rezeptiven Spiel, was ihn dazu befähigt ständig Alternativen zu erproben, das Alltägliche zu hinterfragen und sich zu entwickeln.

„So kann sogar eine spielerische Distanz zum Leben und seinen Forderungen gewonnen werden - nicht auf Kosten des Engagements, aber doch als eine (spielerische) freie Haltung, die den Entscheidungsrahmen erweitert." (Röhrs, 1981, S.15) Im Spiel distanziert er sich vom Leben. Um das Spielgeschehen wahrnehmen zu können, muss er sich auch von seiner Spieltätigkeit distanzieren,[84] das heißt Selbstdistanz einnehmen. Aufgrund dieser Distanz ist er in der Lage Spiel von Nicht-Spiel, von Notwendigkeiten, von Bedürfnissen, vom „eigentlichen" Leben zu unterscheiden und aus einer übergreifenden Perspektive moralisch zu urteilen. „Ein wahrhaft kulturbewußter [bzw. spielfähiger, C.L.] Mensch wird seinen Drang nach dem Ästhetischen [Spiel, C.L.] realisieren, indem er alles, was er tun möchte, abstimmt mit dem, was er tun muß." (Janssen, 1991, S.266)[85] So manches Spiel der Kultur, das andere nur als notwendige Pflicht oder schicksalhafte Bürde erfahren, weil sie nicht Abstand nehmen können, „enttarnt" der Spieler als Spielordnung, die als solche nicht gegebene Notwendigkeit, sondern hinterfragbar und gestaltbar ist (z.B. das Wettspiel um Karriere, Besitz und Status oder die Strategiespiele zwischen Nationen). Jedoch vernachlässigt er nicht den notwendigen Ernst der Regeltreue, den jede Spielgemeinschaften von ihren Mitgliedern verlangt, da das Gelingen des Spiels davon abhängt. Er ist spielfähig und spielbereit, d.h. er kann sich Anforderungen anpassen, kann sich ernsthaft konzentriert hingeben, übernimmt Verantwortung für das Gelingen des Spiels. Auch er ist angewiesen auf ein sicheres Fundament, das erst seine Freiheit sichert.[86] Er ist kein subversiver Einzelkämpfer,

---

[84] Vgl. in dieser Arbeit: Kapitel 3.2 *Die Besonderheit des Menschen und die Voraussetzung für sein Spiel: Das Symbol*
[85] Janssen, Werner: *Kultur und Spiel - die dialogische Erweiterung des natürlichen Spielraums*, Frankfurt a. M., Bern, New York, Paris, 1991
[86] Es ist ein Luxus der postmodernen reichen westlichen Welt, ernsthaft über das Ideal

der alle Gemeinschaften und geteilten Standards umstößt. Als Spieler sucht er natürlich auch Spielgemeinschaften oder gründet sie. Für ihn sind sie aber nicht objektiv und absolut, seine Zugehörigkeiten sind plural und flexibel. Er läuft mit offenen Augen durch die Welt und entwickelt einen Bildungshunger, eine Leidenschaft für die unbekannten Dinge, Symbole und Zusammenhänge der Kulturen, die seine Neugierde wecken und ein Spiel versprechen. Mit jeder gewonnen Erkenntnis durchschaut er mehr Spiele, auch jene an denen er zuvor blind-spieltätig teilgenommen hatte. Manchen schließt er sich an, manche lehnt er ab, weil er (sobald er es als Spielgeschehen wahrnimmt) sich nicht mehr von der angeblichen Pflicht täuschen lässt und davon emanzipiert. Mit wachsender Kompetenz schwört er auch den passiven, konsumorientierten Spielen ohne Ecken und Kanten ab, die ihn nicht fordern, eher langweilen. Er schöpft doch lieber seine eigene Einbildungskraft und sein aktives Gestaltungsvermögen aus und hat sein größtes Vergnügen an widerspenstigen Herausforderungen.

Als Spieler ist er der Meister der Balance zwischen Pflichterfüllung und genussvoller Hingabe. Auch die notwendige Pflicht (z.B. Arbeit) macht er sich zum Spiel, „[...] nicht weil sie leicht oder unernst wird, nicht weil man mit ihr souverän schaltet und waltet, sondern weil sich die Dimension der „inneren Unendlichkeit" in ihr auftut." (Scheuerl, 1965, S.226) Der Spieler macht sich die Pflicht der Arbeit zum Spielzweck und versieht schlichte, langweilige Arbeit mit einer zusätzlichen, reizvollen, „höheren" Spielaufgabe.

Er ist vertraut mit dem Wagnis, zieht seinen Reiz aus der Uneindeutigkeit und dem Risiko im Spiel, das sich seiner Kontrolle entzieht. „Er muß nicht nur tun, sondern auch lassen können." (Scheuerl, 1075, S.208) Daraus ergeben sich wesentliche Tugenden des idealtypischen „Spielers": Ambiguitätstoleranz und Gelassenheit. Franz Vonessen schreibt dazu:

„Gelassenheit ist nicht von ungefähr ein passivistisches Wort. Es meint ja, soviel Abstand von den tausend drängenden, die Begehrlichkeit umbrandenden Dingen des Lebens gewonnen zu haben, daß diese auch ihrerseits den Menschen zu entlassen beginnen. Von den Dingen zu lassen, tut weh; aber von ihnen gelassen zu haben und nun zu erleben, wie auch sie allmählich ihre Griffe lockern und die Aufmerksamkeit freilassen, wie ihr Reiz schwach, ihre Schönheit zweideutig wird und der Quell des Interesses, das sie einflößen, allmählich versiegt - das muß die höchste

---

des freien, selbstbestimmten Spielers nachzudenken.

aller denkbaren und erreichbaren Formen der Leichtigkeit sein: die Stufe der Freiheit. Und diese Freiheit erweist sich ihrerseits als die vollendete Bildung, als Tugend. Die Tugend ist das letzte Geheimnis des Spiels." (Vonessen, 1976, S.41)

Virtuoser Spieler zu werden ist nicht leicht, sondern - wie Vonessen schreibt - das letzte Ziel. Er ist ebenso gebunden an Pflichten und Nöte wie alle anderen. Er hat nur eine Grundhaltung gefunden, die ihn trotz bzw. innerhalb der Fesseln frei macht und seine menschlichen Möglichkeiten gänzlich entfaltet. Um es mit Nietzsche zu veranschaulichen: „,In Ketten tanzen', es sich schwer machen und dann die Täuschung der Leichtigkeit darüber breiten, - das ist das Kunststück [...]" (Nietzsche, 2006, S.555).[87] Das ist die höchste Leistung und vollbringt die größte Freiheit.

Das alles ist natürlich eine Utopie: Der Alltag steht uns bisweilen bis zum Hals, sodass wir uns schwerlich spielerisch distanzieren können. So mancher Job erlaubt schlicht kein spielerisches Vergnügen, weil ein rigoroser Leistungsdruck jede Hingabe verwehrt. Und schließlich ist es eine sehr fordernder Lebenshaltung, die sich der gefälligen Einfachheit eindeutiger Kategorien und dem seichten, sinnlichen Vergnügen ein für allemal entledigt hat. Doch es geht hier um das Prinzip einer spielerischen Grundhaltung, das zumindest annäherungsweise erreicht werden kann, indem das Spiel stets fundamentaler Teil des Lebens bleibt. Bestmöglich gefördert ist das intensive, ästhetische Spiel meines Erachtens die Schlüsselkompetenz des Lebenskünstlers und als solches erstrebenswerter Inhalt der Kulturpädagogik.

4.2 (Kulturpädagogische) Konsequenzen und Forderungen

1. Die Förderung und Gleichberechtigung der eigensinnigen Spielkultur der Kinder ist der Grundstein für ein gelingendes Leben in jedem Alter, in dem das Spiel zu jeder Zeit seinen Platz hat. Die Spielfähigkeit des Erwachsenen setzt eine gelungene Spielbiografie voraus.[88] „Daher hat das Spiel im frühen Kindesalter nicht nur die Aufgabe, die menschlichen Anlagen in offenen Verhältnissen zu erproben, sondern es begründet darüber hinaus eine spielerische Grundeinstellung, die ein Element jeder

---

[87] Nietzsche, Friedrich: *Menschliches, Allzumenschliches - Ein Buch für freie Geister*, Bd. 2, Köln 2006

[88] Vgl. in dieser Arbeit: Kapitel 3.5 *Zwei entwicklungspsychologische Theorien zum Thema Spiel*

Entwicklung bleibt." (Röhrs, 1981, S.4) Nebenbei integriert man mit der Kinderkultur eine eigensinnige, kreative, lebhafte Art der Daseinsgestaltung, die ihren gleichberechtigten Platz in der Gesellschaft als fruchtbarer Mitgestalter verdient. Die Herausforderung besteht (vor allem im urbanen Raum) darin, Kindern einen sicheren Spielraum einzugrenzen, der sie zugleich vor Überforderung der Erwachsenenwelt schützt, aber dennoch Partizipation an ihr ermöglicht. Diese Aufgabe geht beispielsweise bei der Stadtplanung weit über die Einrichtung von eingezäunten Spielplätzen hinaus. Öffentliches Terrain muss mehr von Kindern und für Kinder gestaltet werden. Bis dahin sollten Kulturpädagogen an der Seite der Kinder kämpfen, nach Spielräumen suchen oder Spielraum schaffen.[89]

2. Sowohl der rezeptive Genuss des Spielgeschehens als auch die Förderung des selbsttätigen Spielbetreibens muss Teil der Spielförderung sein. Ersteres fördert Wahrnehmung, Verstehen und Einbildungskräfte, aber erst durch die spielerische Selbsttätigkeit erleben die Akteure gänzlich ihre autonome Handlungsfähigkeit und können gestaltend Einfluss ausüben. „Kompensatorische Spielpolitik und Spielpädagogik sollten in Zukunft diesen auf Engagement und Aktivität bezogenen Aspekt stärker betonen, ohne die Verknüpfung von Spiel und Konsum generell zu denunzieren." (Popp, 2006, S.468) Es hilft auch nicht, das Faszinosum „digitale Medien" zu verteufeln oder zu ignorieren. Sie sollten vielmehr einbezogen werden in aktive Spielformen.

3. Spielanleiter müssen stets zurücktreten vor der Autorität des Spiels. „Sobald gespielt wird, ist nicht mehr er [der Pädagoge, C.L.] die Autorität, sondern das Spiel. Dieses ist niemals ein Bildungsmittel in seiner Hand, sondern es ist Bildungswert, Kulturgut." (Scheuerl, 1965, S.205) Das schließt eine gewisse Toleranz oder Sympathie für die Respektlosigkeit gegenüber etablierte Standards ein. Orte kultureller Bildung wie Museen müssen viel mehr zu lebhaften Spielstätten werden, als zwanghaft ihre verstaubte, heilige Aura zu wahren.[90] Das Spielmaterial „Kultur" muss immer hinterfragbar bleiben, nur so ist es (symbolisch oder real) gestaltbar.

---

[89] Vgl. in dieser Arbeit: Kapitel 4.3 *Kulturelle Spielpraxis: AKKI e.V. in Düsseldorf*
[90] Im „museum kunst palast" in Düsseldorf werden die Kindergruppen, die das Ausstellungshaus besuchen, von den übrigen Besuchern abgeschirmt, indem die museumspädagogischen Führungen für Kinder morgens noch vor offizieller Öffnung des Museums stattfinden. Vor Öffnung ist das Haus daher stets lebhafter.

4. Aufgabe der Kulturpädagogik ist es, Spielräume und -anlässe zu konzipieren und zu inszenieren, die den Akteuren vielfältige Spiel- und Lernanreize geben und intensive, ambivalente, ästhetische Erfahrungen mit der Wirklichkeit und mit der Kulturumgebung ermöglichen. Es bleibt bei der pädagogischen Gestaltung des anregenden Spielrahmens, einer positiven Atmosphäre ergänzt durch Spielanreize. Die pädagogische Lenkung des Spielverlaufs selbst sollte zugunsten der freien Eigendynamik und der Selbstbestimmung der Spieler unbedingt vermieden werden.

5. Sämtliche Bildungseinrichtungen sollten wieder Raum schaffen, in dem die spielerische Freiheit ihren Platz einnehmen kann. Von der Grundschule über die gesamte Schullaufbahn mit „Turbo-Abi" bis hin zum kurzen, rationalisierten Bachelor- und Masterstudium vertreibt ein übersteigerter Leistungsanspruch und Anpassungsdruck jeglichen Freiraum für spielerisch-ernste bzw. ernsthaft-spielerische Entfaltung und wahre *Bildung*, die diesen Namen noch verdient. Damit bringt sich die Bildungspolitik selbst um die größte Lernmotivation, lässt ungeahntes kreatives, innovatives Potenzial verkümmern und verfehlt ihren Bildungsauftrag, der nicht nur auf den Beruf, sondern auf das Leben (mit seinen wachsenden Herausforderungen) gerichtet sein sollte. „Lernen ohne Spiel ist ein unflexibles Einüben von Fertigkeiten, es dient nur dem routinemäßigen Ausfüllen von Funktionen. [...] Allem Einüben von Fertigkeiten muß das Spieltraining folgen." (Sutton-Smith, 1978, S.101)

4.3 Kulturpädagogische Spielpraxis: AKKI e.V. in Düsseldorf

Abschließend möchte ich anhand eines Beispiels anschaulich verdeutlichen, wie kulturpädagogische Praxis aussehen kann, die sich das Spiel zum primären Inhalt gemacht hat. Die gesellschaftlich ausgegrenzte Spielkultur der Kinder bedarf einer besonderen Förderung.

„AKKI e.V." ist eine kulturpädagogische Einrichtung in Düsseldorf, die seit 1985 Aktionen und Projekte mit dem Ziel der Förderung der Kinderkultur realisiert. Der Name ist programmatisch für diese Arbeit, es ist die Abkürzung für „**A**ktion und **K**ultur mit **Ki**ndern". AKKI würdigt das Spiel als primäre Tätigkeit, als besonderes Kompetenzfeld Heranwachender, als „Voraussetzung für die Entwicklung der Kinder zu souveränen, autonomen, emanzipierten Persönlichkeiten." (Vgl. Honig, 1990, S.20)[91]

Das eigensinnige Spiel der Kinder widerspricht naturgemäß den objektiven Normen des Erwachsenenalltags, den Maßstäben von Logik, Leistung, Nutzwert und wird daher meist als notwendiges Übel geduldet, doch am liebsten in gesellschaftlich unauffällige „Spielgehege" abgeschoben. Das Ziel der Förderung einer Kinderkultur wird aber nicht verwirklicht, indem man einen isolierten Raum einrichtet. Ganz im Gegenteil! Das Konzept von AKKI beinhaltet die Idee der „Platzmacher". Das sind Kinder, die sich den öffentlichen Raum der Erwachsenenwelt, aus dem sie ausgegrenzt wurden, im Spiel zurückerobern. „Platzmacher" hinterlassen Spuren, greifen gestaltend ein, machen sich die Umwelt spielerisch zu eigen und konfrontieren sie mit ihrem kindlichen Eigensinn. (Vgl. ebd., S.6) Die Spielaktionen für Kinder finden sichtbar in der Öffentlichkeit, in der alltäglichen Realität statt, an Orten, die eine Fülle von Spielerfahrungen anhand der vorhandenen Dinge, Personen, Materialien und Möglichkeiten bereithalten. Bei AKKI geht es um „Spiel *mit* Kultur" in der „Umwelt als Lernraum". (ebd., S.20) Neben Workshops, Mitmachausstellungen und Medienprojekten liegt ein Schwerpunkt auf besonderen, zeitlich begrenzten Aktionen und Projekten, die als „besonders inszenierte Ereignisse" und „Ausnahme-Zustände" (ebd., S.23) die Gelegenheit geben, das Alltägliche aufzubrechen, um sonst unsichtbare Strukturen offenzulegen. Sie sind jeweils für einen bestimmten Ort, eine bestimmte Zielgruppe, einen bestimmten Anlass konzipiert und beziehen bewusst die gegebenen „[…] topografischen, historischen, ästhetischen oder sozialen Bedingungen als Anlässe der aktiven Wahrnehmung mit ein." (ebd. S.23) Diese Spielaktionen sind gedacht als offene, anregende Spielgelegenheiten - als abgesteckte, sichere und besonders inszenierte Erfahrungsräume, in denen die Kinder selbstbestimmt und eigenverantwortlich handeln, Erfahrungen machen und sich entfalten können. Darin finden sie eine Fülle von Dingen, Personen, Materialien mit unmittelbarem Realitätsbezug sowie reichlich freiverfügbare Zeit vor. Sie allein entscheiden, was sie sich aneignen, womit sie spielen, welche Erfahrungen sie machen, wie sie gestaltend tätig sein möchten. Die Pädagogen agieren in diesem Bildungsprozess nicht als *Vermittler*, sondern als *Mitspieler*.

---

[91] Honig, C. (Hrsg.), Rams, H.-P., Rautenberg, S.: *Kultur im Spiel Nr.2/ AKKI, Aktion und Kultur mit Kindern e.V.*, Düsseldorf, 1990

Beispielhaft skizziere ich kurz ein AKKI-Projekt, das sich mittlerweile einer langjährigen Tradition und außerordentlicher Beliebtheit rühmen darf:

Das „Düsseldörfchen":

Dieses Projekt bedient sich eines Konzepts, das so oder ähnlich seit vielen Jahren in verschiedenen deutschen Städten realisiert wird (z.b. „Mini-München"). Es ist eine dreiwöchige Sommerferienaktion für Kinder im Alter von 8 bis 14 Jahren, die im Düsseldorfer Südpark stattfindet. In diesen drei Wochen errichten etwa 200 bis 300 Kinder ihren eigenen Stadtstaat auf Basis der Grundelemente einer kleinen demokratischen Gesellschaft mit freier Marktwirtschaft: Kultur (staatl. Kunstakademie, Staatstheater, Universität), Politik (Staatskanzlei, Parteien, Parlament, Regierung, Opposition), Leben (Wohnhäuser, Konsum, Freizeitpark, Gasthof), Wirtschaft (Fabriken, Läden, Märkte, Nationalbank, eigene Währung, Dienstleistungen) sowie öffentliche Medien (Zeitung, Radio). (Vgl. Honig, 1993, S.66ff)[92] In diesem Spiel erleben die Kinder leibhaftig, wie die Gesellschaftsordnung der Erwachsenenwelt funktioniert und werden in ihrer eigenen kleinen Republik zu autonomen, mündigen Bürgern, die an ihrer Gesellschaft aktiv gestaltend teilnehmen. Das heißt sie sind erwerbstätig, gründen Firmen, kaufen und verkaufen, streiken und demonstrieren, arbeiten als Journalisten, bilden sich in der Universität, bekleiden politische Ämter und kämpfen für das Gemeinwohl. Die Zusammenhänge haben unmittelbaren Realitätsbezug zu den wirklichen Gesellschaftsstrukturen unserer Demokratie. Die Kinder müssen sie aber nicht als Abstraktionen erlernen, sondern erleben sie konkret innerhalb ihres Kompetenzfelds „Spiel". Darin werden die Verknüpfungen, Wechselwirkungen und Bedingungen einer Gesellschaft anschaulich erfahrbar und vor allem nachvollziehbar, weil sie das Gelingen des Spiels betreffen und nicht nur *nachgespielt* werden. So ist es beispielsweise nötig, schwierige Dilemmata zu lösen: Der Staat hat ein zu großes Loch im Haushalt und muss mehr Steuern erheben. Doch die Regierung muss ihre Wahlversprechen halten, sich um das Gemeinwohl sorgen und will die Bürger nicht verärgern. (Vgl. Honig, 1993, S.81ff) Gerade die Schwierigkeiten und Uneinigkeiten im Spiel fördern eine intensive Erfahrung der Zusammenhänge und Wechselwirkungen. In „Kultur und Spiel Nr. 3" (Vgl. Honig, 1993) ist von nachhaltigen Wirkungen dieses Projekts zu lesen: So bestanden einige Schüler nach den Ferien plötzlich auf Demo-

---

[92] Honig, C.(Hrsg.), Rams, H.-P., Rautenberg, S., Birke, T., Frangenberg, G.: *Kultur im Spiel Nr.3/ AKKI, Aktion und Kultur mit Kindern e.V.*, Düsseldorf, 1993

kratie im Klassenzimmer. Andere Kinder interessierten sich nach dem Projekt für die Nachrichten. Kinder, die im Düsseldörfchen eine Partei gebildet hatten, gründeten in ihrer realen Heimatstadt mit Unterstützung des Jugendamts sogar eine eigene Kinderpartei. (Vgl. ebd., S.80)

5. Abschließende Zusammenfassung: Das Spiel ist ein konstitutives Prinzip des menschlichen Lebens

Am Anfang dieser Arbeit stand die Frage nach dem Stellenwert des Spiels im menschlichen Leben und inwieweit sich die Kulturpädagogik daher das Spiel zur Aufgabe machen muss.

Nach einer intensiven, multiperspektivischen Untersuchung der Thematik haben wir nun eine umfassende Vorstellung vom Spiel als einem konstitutiven Merkmal des menschlichen Lebens, das uns in unterschiedlichsten Formen und Ausprägungen überall im Alltag und in der Freizeit begegnet und unser Dasein maßgeblich mitbestimmt: Es handelt sich um eine Bewegung, ein Geschehen, das real erzeugt wird, sich aber auf einer freien Scheinebene von seinen Ursachen verselbstständigt. Es ist daher abhängig von wahrnehmenden, verstehenden Menschen, die sich aufgrund der Fähigkeit zum Symbol dem „scheinhaften" Geschehen hingeben können. Das Spielgeschehen kommt nur in einem maßvollen Spannungsverhältnis von realer Leistung und Herausforderung zustande, sodass ein Wagnis entsteht, das nicht völlig vom Spieler beherrscht wird. Auf dem höchsten Niveau, im harmonischen Gleichgewicht von meisterhafter Fertigkeit und höchster Schwierigkeit wird das Spiel zur Kunst und enthüllt seine ganze Schönheit. Wenn das Spannungsverhältnis nicht zustande kommt, weil das Spiel dem Spieler keine Herausforderung bietet, kann man nur von „Spielerei" sprechen. Ist die Herausforderung zu groß, verfügt der Spieler nicht über entsprechende Fertigkeiten, so kann auch kein Spiel entstehen. Doch der Reiz am schönen Schein motiviert, sich im Dienste des Spiels zu bilden, sich die nötigen Fertigkeiten anzueignen, um ein Spielgeschehen erzeugen zu können.

Das Spiel beginnt in den ersten Lebensmonaten und ist fundamental wichtig für die gesunde Ontogenese des jungen Menschen und für die Entwicklung von Kreativität. Spiel ist das besondere Kompetenzfeld der Kinder, die sich darin die Wirklichkeit zu eigen machen, selbstbestimmt handeln und sich mit der Welt auseinandersetzten können. Es erhält seine Bedeutung bis ins Erwachsenenalter als intermediärer Bereich, der Subjekt und Welt wieder miteinander verbindet, sodass der Mensch zeitweilig symbolisch die Herrschaft über die Wirklichkeit übernehmen kann. In diesem mittleren Bereich bleibt der Mensch stets handlungsfähig, schöpferisch und entwicklungsfähig.

Von Anbeginn konstituiert sich die Kultur in Spielgemeinschaften, die im Spiel symbolisch die Welt deuten, zum Ausdruck bringen, das Sozialgefüge regeln oder wettstreiten um „höhere", aber im Grunde unpraktische Ziele. Das Spiel etabliert verbindliche Regeln, ordnet das Miteinander und ist - als Ort für Alternativen und Utopien - zugleich das dynamische Feld für den kulturellen Wandel.

So offenbart sich das Spiel als eine das Leben bestimmende Größe und als Ort der freien menschlichen Möglichkeiten.

Kulturpädagogik verschreibt sich der Förderung der kulturellen Bildung mit dem Ziel, für alle Menschen die Voraussetzungen für ein Dasein als selbstbestimmte, mündige, schöpferische Gestalter ihres Lebens und als partizipierende Mitglieder der Kultur zu schaffen. Das sind im Grunde humanistische Werte, die schon Schiller im ästhetischen Spiel realisiert sah. Vernunftvermögen und Gefühlsvermögen kommen im Spiel mit der Schönheit erst völlig zur Wirkung und der Mensch wird durch die Erfahrung des Schönen aber auch des Disharmonischen zugleich aus der Vorbestimmung durch Natur oder Vernunft befreit und moralisch gestärkt.

Damit ist viel gesagt: Spielfähigkeit ist die essentielle Kompetenz für eine gelingende Lebensführung. Zum einen, weil die Kultur und das menschliche Miteinander selbst in spielerischer Dynamik bestehen. Wer an diesem sozialen Weltspiel „Mensch-sein" teilhaben will, der sollte es spielen(d) lernen. Zum anderen ist das Spiel das individuelle Kompetenzfeld, durch das sich der Mensch symbolisch über die gegebenen Grenzen erhebt und sich gegen einengende Restriktionen und irritierende Willkür die Freiheit zur Selbstbestimmung sichert.

Eine Kulturpädagogik, die erkennt, dass ihre Ziele im gelingenden, herausfordernden, anregenden Spiel verwirklicht werden, muss sich einer intensiven Spielförderung verschreiben. Sie muss entgegen der Flut passiver Konsumspiele reizvolle, gleichermaßen aktive wie ebenso herausfordernde rezeptive Spielgelegenheiten mit bzw. in der kulturellen Realität initiieren, die vor allem Kindern ihre eigene (Spiel-)Kultur innerhalb der Erwachsenenwelt gewährleisten.

Nur so wachsen Menschen heran, die aufgrund von stets guten Spielerfahrungen im gesamten Leben ihre Kreativität und Autonomie bewahren. Nur so können sie die „riskanten Freiheiten" (Beck, Beck-Gernsheim, 1994) der individualisierten Gesellschaft für eine gelingende Lebensgestaltung bestmöglich nutzen und müssen nicht unter dem Leistungs- und Anpassungsdruck leiden. Denn sie haben gelernt, in Ketten zu tanzen. (Vgl. Nietzsche, 2006, S.555)

Spiel als Ideal der Lebensführung? Vielleicht kann man das nur als Metapher ernst nehmen. Doch manchmal bedarf es der Metaphorik, um Zusammenhänge und Sachlagen besonders anschaulich darzustellen. Aus meiner Sicht repräsentiert das Spiel die eigenartige menschliche Daseinsgestaltung im symbolischen Universum am besten. Und es wirkt in jeder Hinsicht im Sinne der Pädagogik, ohne von ihr instrumentalisiert werden zu müssen.

Anhang

Abbildung 1: Gliederungsraster für Spielphänomene

Literaturverzeichnis

Baumann, Zygmunt: Vom Nutzen der Soziologie, Frankfurt a. M., 2000, S. 56-101

Beck, Ulrich, **Beck-Gernsheim**, Elisabeth: *Riskante Freiheiten*, Frankfurt a. M., 1994

Bundesvereinigung Kulturelle Jugendbildung (Hrsg): *Kulturelle Bildung und Lebenskunst - Ergebnisse und Konsequenzen aus dem Modellprojekt „Lernziel Lebenskunst"*, Remscheid, 2001

Cassirer, Ernst: *Versuch über den Menschen - Einführung in eine Philosophie der Kultur*, Hamburg, 1996

Fuchs, Max: *Kulturelle Bildung im Spannungsfeld von Leben und Kunst - Reflexion der Fachtagung vor dem Hintergrund unseres Modellprojektes „Lernziel Lebenskunst"*, in: Bundesvereinigung Kulturelle Jugendbildung (Hrsg): *Kulturelle Bildung und Lebenskunst - Ergebnisse und Konsequenzen aus dem Modellprojekt „Lernziel Lebenskunst"*, Remscheid, 2001, S.87-94

Hitzler, Ronald: *Leben in Szenen*, Wiesbaden, 2005

Honig, C. (Hrsg.), **Rams**, H.-P., **Rautenberg**, S.: *Kultur im Spiel Nr.2/ AKKI, Aktion und Kultur mit Kindern e.V.*, Düsseldorf, 1990

Honig, C.(Hrsg.), **Rams**, H.-P., **Rautenberg**, S., **Birke**, T., **Frangenberg**, G.: *Kultur im Spiel Nr.3/ AKKI, Aktion und Kultur mit Kindern e.V.*, Düsseldorf, 1993

Huizinga, Johan: *Homo Ludens - Vom Ursprung der Kultur im Spiel*, Hamburg, 1956

Janssen, Werner: *Kultur und Spiel - die dialogische Erweiterung des natürlichen Spielraums*, Frankfurt a. M., Bern, New York, Paris, 1991

Käser, Lothar: *Fremde Kulturen - Eine Einführung in die Ethnologie für Entwicklungshelfer und kirchliche Mitarbeiter in Übersee*, Erlangen, Lahr, 1997

Kamper, Dietmar: *Spiel als Metapher des Lebens*, in: Bayrische Akademie der Schönen Künste (Hrsg.): *Der Mensch und das Spiel in der verplanten Welt*, München, 1976, S.130-145

Kümmel, Peter: *Der kurze Sommer der Anarchie*, in: Die Zeit, Nr.38, 11.9.2003, S.45

Langer, Susanne K.: *Philosophie auf neuem Wege - Das Symbol im Denken im Ritus und in der Kunst*, Frankfurt a. M., 1984

Mayrhofer, Hans; **Zacharias**, Wolfgang: *Ästhetische Erziehung – Lernorte für aktive Wahrnehmung und soziale Kreativität*, Reinbek, 1976

Mies, Georg-Achim: *Kultur mit „K" wie „Krake"*, in: Schmid Noerr, Gunzelin (Hrsg.): *Kultur und Unkultur - Perspektiven der Kulturkritik und Kulturpädagogik*, Mönchengladbach, 2005, S.251-269

Nietzsche, Friedrich: *Menschliches, Allzumenschliches - Ein Buch für freie Geister*, Bd. 2, Köln, 2006

Noetzel, Wilfried: *Friedrich Schillers Philosophie der Lebenskunst - Zur Ästhetischen Erziehung als einem Projekt der Moderne*, London, 2006

Oerter, Rolf: *Spielend leben lernen - Zur Bedeutung des Spiels für die menschliche Entwicklung*, in: *Deutsche Jugend - Zeitschrift für Jugendarbeit*, Heft 7/8, 2006, S.329-339

Oerter, Rolf: *Zur Psychologie des Spiels*, in: Psychologie & Gesellschaftskritik, Heft 4, 2007, S.7-32

Piaget, Jean: *Nachahmung, Spiel und Traum - Die Entwicklung der Symbolfunktion beim Kinde*, Stuttgart, 1975

Popp, Reinhold, *Freizeit und Spiel*, in: *Deutsche Jugend - Zeitschrift für Jugendarbeit*, Heft 11, 2006, S.465-470

Röhrs, Hermann (Hrsg.): *Das Spiel - ein Urphänomen des Lebens*, Wiesbaden, 1981

Rumpf, Horst: *Spiel-Arten der Kulturaneignung*, in: Liebich, H. (Hrsg.); Zacharias, W. (Hrsg.): *Welt des Spiels - Spiele der Welt, Ein Reader über Spielen, Spielfelder, Spielpraxis und Spielprojekte*, München, 1991, S.11-15

Runkel, Gunter: *Das Spiel in der Gesellschaft*, Münster, 2003

Scheuerl, Hans: *Das Spiel - Untersuchungen über sein Wesen, seine pädagogischen Möglichkeiten und Grenzen*, 4./5.Aufl., Weinheim, 1965

Scheuerl, Hans (Hrsg): *Theorien des Spiels*, 10. Aufl., Weinheim, Basel, 1975

Schiller, Friedrich: *Über die ästhetische Erziehung des Menschen*, 1795, In: Hille & Partner GbR, Projekt Gutenberg-DE, Hamburg: *http://gutenberg.spiegel.de/?id=5&xid=2407&kapitel=1#gb_found*, 15.05.2008

Schmid, Wilhelm: *Philosophie der Lebenskunst - Eine Grundlegung*, Frankfurt a. M., 1998

Seitz, Hanne: *Spiel als kulturelle Praxis - Kreisende Annäherung an ein widersprüchliches Phänomen*, in: Das Baugerüst: für Jugend- und Bildungsarbeit, Zeitschrift für Mitarbeiterinnen und Mitarbeiter in der evang. Jugendarbeit und außerschulischen Bildung, Heft 2, 2006, S.22-26

Stagl, Justin: *Der Kreislauf der Kultur*, in: Schmied-Kowarzik, W. (Hrsg), Stederoth, D. (Hrsg.): *Kultur-Theorien - Annäherungen an die Vielschichtigkeit von Begriff und Phänomen der Kultur*, Kassel, 1993, S.11-32

Sutton-Smith, Brian: *Die Dialektik des Spiels - Eine Theorie des Spielens, der Spiele und des Sports*, Schorndorf, 1978

Vonessen, Franz: *Vom Ernst des Spiels*, in: Bayrische Akademie der Schönen Künste (Hrsg.): *Der Mensch und das Spiel in der verplanten Welt*, München, 1976, S.9-47

Winnicott, Donald W.: *Vom Spiel zur Kreativität*, Stuttgart, 1985

Wulff, Erich: *Kulturelle Identität als Lebensform und Lebensbewältigung in verschiedenen Gesellschaftstypen*, in: Fuchs, Max (Hrsg.): *Kulturelle Identität - Dokumentation der Fachtagung „Kulturelle Identität - Eine Aufgabe für die Jugendarbeit?"*, Remscheid, 1993, S.10-23

Zacharias, Wolfgang: *Kulturpädagogik - Kulturelle Jugendbildung. Eine Einführung*, Opladen, 2001

Zacharias, Wolfgang: *Kultur und Bildung. Kunst und Leben - Zwischen Sinn und Sinnlichkeit. Texte 1970-2000*, Bonn, 2001